子育てと健康シリーズ

子どもがどもっていると感じたら［第2版］

吃音の正しい理解と家族支援のために

廣嶌忍・堀彰人 編

大月書店

1 吃音とはどのようなものか（廣嶌忍）

2 吃音にはどのように対応したらよいか（廣嶌忍）

3 吃音の支援

はじめに

この本の初版を出版してから、ちょうど二〇年が経ちました。二〇年で大きく変わったことは、吃音《きつおん》ということばをたくさんの人が知っているようになったことです。吃音ということばが「どもる」ということばの少しネガティブなニュアンスを軽減してくれたことはとてもうれしいのですが、はたしてどれくらいの人に吃音のことを正確に理解してもらえているでしょうか。

というのも、教員免許更新制が実施されていた二〇〇九年からの約一〇年間、私は大学の夏休みに吃音についての研修講座を開いてきました。毎年一〇〇名を超える受講者に吃音の話をする機会を持つことができました。受講者は、夏休みに講座をわざわざ自分で選んで受講してくださるような、吃音を学ぶことに対してモチベーションの高い教員の方々でした。

しかし、毎年感じたことは、吃音ということばは知っていて、しかも吃音のある子を担任したことがあっても、「名前が言いにくいなんて知らなかった」「ゆっくり話してみたらとアドバイスをしていた」など、吃音を誤解している人がとても多いということでした。私の研修講座はいつも、「今日学んだことで自分がまちがって理解していたと思うことを、自分のまわりの三人に伝えてください」と言って最後をしめくくっていました。草の根作戦の効果があることを願っての十余年でしたが、残念ながらいまだに誤解が多いのが現状のようです。

最近、私のところに吃音の相談に来られる方々は、吃音は完全に消しきれないかもしれないと、何となくわかっておられることが多いようです。しかし不便そうだから何とかならないかと多くの人が言われます。二〇年前のように、「わからないけれど、とにかくことばの練習をしてみましょう」という支援現場のやみくもな対応はなくなってきたように思いますが、「落ち着いてゆっくり話してみましょう」という効果のないアドバイスはくりかえされています。「気にしないでいれば治る」というまちがった考えも、まだまだ根強くあると感じます。もう少し啓蒙の努力が必要かもしれないと思い、改訂版の執筆を決意しました。

依然として吃音にはわからないことがたくさんあります。しかし、わかっていることもあります。わかっていることをお伝えしなければいけないという初版の思いは変わりません。本書は、新しいことを付け加えながら、わかっていることでやはり今でも大切なことは残しました。そして、二〇年でたどり着いた、「吃音があっても大丈夫」と思えるにはどうすればよいかについて、筆者らの思いをお伝えしようと思います。

吃音は、幼児期から成人まで、ライフステージに合わせた対応が必要なことは二〇年前でも今でも変わりません。しかし、本書は特に幼児期から青年期の手前くらいまでの対応に重点を置いて書かれています。どうかご了承ください。

二〇二四年三月　岐阜大学　廣嶌 忍

1

吃音とはどのようなものか

（廣嶌忍）

吃音とは何か

吃音とは、話そうとすると、音がくりかえされたり、ひきのばされたり、あるいは音がつまって出てこなかったりするような、なめらかでない話し方のことをさします。「どもる」ともいいます。吃音は話しはじめや、単語のはじめに起こることがほとんどです。吃音に悩むようになると、言いにくい音やことばがあると感じるようになりますが、それでも同じ音やことばで必ず吃音が起こるわけではありません。音やことばが同じでも、その時々で吃音になる場合とならない場合とがあり、場面によっても吃音が多くなったり少なくなったりして、出現には一貫性がないものです。

普通、吃音と聞いてすぐに頭に浮かぶのは、「あ、あ、あひる」と語頭音をくりかえすタイプです。しかし、吃音には**表1**に示したようにさまざまなタイプがあります。聞き手が吃音だと思う代表的なタイプは、「あ、あ、あひる」のように音をくりかえすもの、「あーひる」と音をひきのばすもの、「……あひる」と音がつまって出てこないものです。**表1**の①、②、③です。専門的にはそれぞれ連発《れんぱつ》、伸発《しんぱつ》、難発《なんぱつ》とよびます。くりかえし、ひきのばし、ブロックとよぶこともあり、本書はこ

①音・音節・語の一部をくりかえす（くりかえし——連発）
例　あ、あ、あひる　　さ、さ、さかな　　あひ、あひ、あひる

②音をひきのばす（ひきのばし——伸発）
例　あーひる　　さーかな

③音がつまって出ない（ブロック——難発）
例　……あひる　　さ……っかな

④単語や短いことばをまるごとくりかえす（語句のくりかえし）
例　いけのあひる、あひるが　　さかなの、さかなのしっぽを

⑤「えーと」「あのー」「なんていうか」などのことばを入れる（挿入）
例　きのう、えーと、あひるがいて
いけに、なんていうか、あひるがいて

⑥はじめから言い直す、ちがうことばに替える、話すのをやめる（言い直し、中止）
例　きのう、あ…、きのう　あひるが
きのう、あ…、いけのとりが

⑦ことばのつかえに伴って、からだのどこかが動く（随伴運動）
例　まばたき　首を振る　手で足をたたく　大きく息を吸うなど

表1　いろいろな吃音のタイプ

のよび方で記載します。くりかえしの中には「あひ、あひる」と、くりかえす音の単位が大きいものもありますし、ブロックしながらくりかえすなど、同じ人でもさまざまなタイプがみられるのが普通です。

そのほかのタイプとして、表1の④、⑤、⑥のように、「あひる、あひる」と単語をまるごとくりかえすことや、ことばの前に「えーと」「あのー」などをつけたり、はじめから言い直したり、あるいは言うのをやめたりなどがあって、これらも吃音に含まれます。「えーと」「あのー」などの挿入語は、ことばを考えているときによく口にするものですが、吃音の場合は「あひる」の「あ」の音をうまく出すための、助走あるいはきっかけの役目を果たしています。吃音はことばのはじめに起こりやすいので、挿入語を前につけることで、ことばのはじめではなくなって、吃音を避けることができるのです。中には「えーと」や「あのー」ではなくて、「なんていうか」などの短いことばを挿入語として使っている人もいます。しかし、どのような挿入語を使うかには特に理由はありません。たまたまそのことばが身について、使っているだけと考えてください。

はじめから言い直すのも、言うことをやめるのも、さらに、ちがうことばに替えるのも、すべて起こりそうになった吃音を避ける行動です。吃音の経験が長くなってくると、吃音が出ることを直前に察知できるといわれています。そして、吃音が出そうだと感じたらとっさにこうした行動をとることが身についてきます。④、⑤、⑥のようなタイプの場合、ひとつの単語が切れ切れにならないので、なかなか吃音とは聞き取れないのですが、何度もくりかえし起こってくると聞き手には気になってくるものです。

「えーと」や「あのー」などのほかに、音を出すためのきっかけの役割を果たしている行動に、随伴運動《ずいはんうんどう》があります。随伴運動とは、首を振ったり、手で足をポンとたたいたり、まばたきをしたりなど、ことばがつまるのと同時にからだのどこかが動くことです（表1の⑦）。チック（トゥレット症候群）に似ていますが、チックではありません。随伴運動は、吃音が出そうになったとき、偶然そうすることで吃音が避けられたという経験を通して身についたものと考えられています。したがって、随伴運動には個人差がありますが、動き方のちがいに理由はありません。たまたま起こった動きが身についているだけだからです。随伴運動は、話し手である本人にとっては吃音を避けるための行動ですが、聞き手には、その人の話し方に違和感を感じる要因となります。つまり、随伴運動は吃音をかえって目立たせる結果になるということです。

そのほか、聞き手にとって吃音が目立つと感じられるのは、吃音と同時にからだに緊張がみられる時です。口や首、肩のあたりがこわばって、まわりには苦しそうに話しているという印象を与えます。この時本人はというと、無理に音を出そうともがいていることが多く、無理に出そうとすればするほど焦って、ますます音が出てこないものです。

吃音の原因は何か

吃音の原因は、吃音相談でもっともよく尋ねられることです。しかし、なぜ吃音になるのかの原因はわかっていません。緊張したり興奮したりすると誰でもスラスラ話せないことから、吃音は心理的な何かが原因だろうと考えている人はたくさんいます。どんぐりを食べるとどもるなどの迷信を聞いたことがあるかもしれません。学術的にもさまざまな説が提唱されてきましたが、残念ながらどれも吃音の原因を説明できてはいません。ここでは、難しい原因論の話はやめて、保護者によく尋ねられる、育て方、まね、利き手矯正、遺伝についてお話しします。

まず、育て方です。『英国王のスピーチ』という映画で有名になりましたが、イギリス国王ジョージ六世も吃音だったと伝えられています。映画の中で、ジョージ六世が幼少期につらい経験をする場面が描かれており、それを見て、子どもの頃のつらい経験が吃音の原因だと解釈する方も多いかもしれません。一〇〇年ほど前は、吃音は心の深いところにある鬱屈《うっくつ》した思いと関係があると考えられたこともあったようですが、今ではこうした精神病理的な解釈には根拠がないことがわかっています。親の育て方のせいで吃音になったと考えることは、もはや時代遅れだと言ってよいでしょう。

次に「まね」です。最近の筆者らの研究で、友だちの吃音のまねをしたせいで吃音になったと考えている保護者は案外多いことがわかりました。しかし専門的には、まねをすることで吃音になるとは考えられていません。友だちの吃音をまねて遊ぶ子どもがいたら、すぐにやめさせたいものですが、それはまねることで吃音になるからではなく、まねられた子どもを傷つけるからです。また、親やきょうだいの吃音がうつることもありません。

今では利き手を矯正することは少なくなってきましたが、日本でも外国でも、吃音の人には左利きが多いとか、利き手を矯正すると吃音になるといった説が信じられていたようです。吃音の大人の人の中には利き手矯正をした人が多いことを示す海外の研究もありますが、一方で、米国のニュージャージー州の学校で、文字は右手で書くというキャンペーンが四年間ほどおこなわれた結果では、それによって吃音になる子はひとりもいなかったと報告されています。

最後は遺伝です。家系に吃音の人がいる場合に吃音が出やすいかどうかを説明します。二〇一〇年以降におこなわれた調査によると、吃音の人に尋ねると四割から五割の人が家系に吃音の人がいると答えるようです。これは吃音でない人に尋ねた割合に比べると、とても高い数字です。また、遺伝子が同じ一卵性の双子は、遺伝子がちがう二卵性の双子より、両方が吃音になる確率が高いことがわかっています。家系や双子の調査から予想されてきた遺伝の関与は、近年のゲノム研究でも裏付けられてきています。ゲノム解析という技術が進歩した結果、吃音の発症に関与するだろうと考えられる遺伝子がいくつか報告されています。現時点では、遺伝性の吃音は全体の七割から八割ともいわれます。どうやら吃音に遺伝が関与することは確かなようで、それも、われわれがこれまでに考えていた以上のようです。そしてこのことは、やはり親の育て方が吃音の原因である可能性が低いことを示しています。

ここで理解しておきたい大切なことがあります。それは、糖尿病やアレルギーと同じように、吃音も、吃音の発症しやすい体質と、その人がおかれた環境との関わりがあって生じると考える必要があることです。おそらく吃音は、ひとつの原因だけで生じるものではないでしょう。しかも、全員が同じ原因だとも考えにくいようです。子どもに吃音が出るようになると、保護者は原因が気になってあれこれ悩むものです。悩む気持ちは十分に理解できますが、わからない原因をあれこれ考えて思い悩むより、これからどのように対応していくかを考えるほうが重要です。吃音の原因はわかっていませんが、吃音の問題がどのように大きくなっていくのかはわかっているからです。問題の深刻化や広がりを食い止めるための対応が必要です。

吃音はいつごろ始まるのか

吃音が始まることを発吃《はっきつ》といいます。脳内出血などの脳の損傷や服薬の影響を受けて生じる吃音でない場合、発吃の時期はほとんどが幼児期です。二〇〇〇年以降におこなわれた比較的大規模な米国の調査をいくつか見てみると、発吃のピーク年齢は三歳前後であることがわかります。また、三歳半までに八五%が発吃することや、発吃のリスクは五歳くらいまでという報告もあります。しかし、多くはありませんが小学校に入ってから発吃する子もいますし、中学生以降でも発吃の報告例はあります。

幼児期に吃音がどのように始まるかというと、保護者が気づいたときには吃音が始まっていたといわれる子どもが多い一方で、何かの出来事をきっかけとするかのように突然吃音が始まることもあります。二〇〇〇年以降の米国の調査では、突然始まるケースは三割くらいだと報告されています。突然の出来事としては、たとえば何か怖い経験をしたあとや、きょうだいの出産で母親が入院したあとに吃音が出始めたなどはよく聞きます。突然始まる吃音の場合には、子どもが心理的ショックを受けたことが原因と考えて、保護者が自分を責めることが多いものです。しかし、出来事と発吃との因果関係は乏しいと考えてください。

吃音は何人くらいにみられるのか

成人の場合、吃音は人口の約一%、すなわち一〇〇人に一人の割合であることはよく知られています。これは病気や障害の頻度の中ではとても多い数ですが、民族や言語によらず世界共通です。しかし性別にはちがいがあって、男性の吃音の人は女性の二倍から四倍です。

子どもの頃、特に小学校に入学する前は、大人のように流暢《りゅうちょう》に話せないのが普通です。慌てて大人に何かを伝えようとして、何度もことばを言い直そうとしたり、「あのね」「えーとね」などをくりかえし言ったりなどは、小さな子どもにはめずらしいことではありません。それだけでなく、普段の会話にも音のくりかえしが目立つ時期があるといわれています。こうした時期をまったく経験しない子どももいますが、多くの子どもにあることと考えられていて、これが吃音なのか普通に起こる幼児期の特徴なのかの見分けは、専門家でも難しいといわれています。したがって、なめらかでないとまわりが気づく話し方を吃音とみなすとすると、幼児を対象にした筆者の調査では、二％くらいの子に吃音がみられました。多くみられる年齢では八％近くになりました。米国の調査でも三％弱であるという数字が報告されており、幼児期には大人に比較して吃音の人の数は多いことがわかっています。

吃音が自然に治る確率はどの程度か

小学校に入学する前の吃音の子どもの数と、入学してからの吃音の子どもの数とを比較すると大きなちがいがあります。これは、幼児期に発吃した子どもの多くが、幼児期のうちに吃音を消失させているからです。幼児期に始まって幼児期のうちに消失することが多いため、吃音は「幼児期の障害」ともいわれるくらいです。何もしないでも自然に吃音が消失することを自然治癒とよびます。この自然治癒の確率は、幼児期には七二％にものぼることが二〇一七年の米国の研究で示されています。

幼児期に子どもの吃音に気づいた保護者が、どこかに相談に行って受けるアドバイスの多くが「気にしないでいれば治る」というものですが、こうしたアドバイスが続いているのも、多くの子どもの吃音が自然治癒するからだろうと思われます。かといって「気にしないでいれば治る」というアドバイスには問題がありますので、このことはあとで詳しく説明します。

どのような子どもが治りやすいか

自然治癒の確率が七二％にものぼると言われると、どのような子どもが治るのかが知りたいだろうと思います。たとえば、軽い吃音だと治りやすくて、重い吃音だと治りにくいと思われがちですが、実際にはよくわかっていません。確実なことが言えない問題ですが、これまでの研究からわかっていることについて、性別、発吃の年齢、ことばの発達、家族歴についてお話しします。

まず性別ですが、吃音が男性に多いことは前にお話ししました。また多くの研究が、女性のほうが自然治癒しやすいことを報告していますが、これは吃音が始まって比較的早い時期のことのようです。

次は発吃の年齢です。発吃の年齢が遅い子は、早い子に比べて消失しにくい傾向にあるといわれています。しかし、発吃の年齢の遅い子は、ことばの発達などの何らかの発達の遅れがあることもあるので、年齢だけで考えることは難しいようです。

ことばの発達についていえば、数多くの研究が、吃音の子どもには発音の問題のある子が多いことを明らかにしています。発音の問題を構音障害といいます。サ行がうまく言えないなどは、幼児期によくみられる構音障害です。構音障害があると吃音が治癒しにくいとは断定できませんが、構音障害も子どもが話しにくさを感じる要因になりますので、注意しておく必要がありそうです。

最後に家族歴です。かつて米国の研究で、親に自然治癒した吃音があった場合、子どもの吃音は自然治癒する確率が高く、逆に親の吃音が大人になっても続いている場合は、子どもの吃音も自然治癒しにくいという報告がありました。しかし、その後の研究で、このことは確認できなかったようです。現在のところ言えることは、家族や近い親戚に大人になっても吃音が続いている人がいる場合は、その子の吃音は消失しないリスクが高そうだということです。

どのような子どもが治りやすいかをお話ししてきましたが、もっとも発吃が多いといわれる三歳ごろに発吃し、そのまま小学校就学まで吃音を持ち越した場合は、その後に自然治癒する確率は低いといえます。筆者の調査によると、小学生の吃音のある子どもの数は、学年が進行してもほぼ一定でした。これは、小学校に入学してから吃音が消失するケースが少ないことを示しています。したがって、子どもが小学校に入学しても、そのうち治るだろうという考えを持ち続けることは、多くの場合、適切ではないと考えられます。

性格は吃音に関係があるか

吃音のある人に対して、神経質そうだとか、きちょうめんそうだとかの印象をもつかもしれません。このため、吃音になりやすい性格があるとかんちがいしやすいのですが、吃音を発症しやすい性格は知られていません。吃音の子どもは、小学校高学年くらいになると、まわりを気にする子や内向的な子が多いと感じられるようになります。しかしこれは、このような性格であるから吃音になるのではなく、多くの場合、吃音を気にする結果、そうなっていると理解したほうがよさそうです。

まわりを気にすることや内向的なことは悪いことではありません。まわりを気づかったり、自分をよく見つめられる長所ととらえることもできます。しかし、吃音を気にするせいで積極的になれなかったり、行動が制限されてそのような性格に見えるのだったら注意が必要です。

吃音と発達障害とは関係があるか

発達障害は、日本では発達障害者支援法に示された定義が使われることもありますが、米国精神医学会の診断基準にもとづいて、知的障害（知的能力障害）、コミュニケーション障害、自閉スペクトラム症（ＡＳＤ）、注意欠如・多動症（ＡＤＨＤ）、学習障害（限局性学習症、ＬＤ）、発達性協調運動障害、チック症をさすことが多いようです。現在、吃音も発達障害のひとつに含まれています。

発達障害の理解で大切なことは、本人の努力の足りなさや保護者の育て方などが原因ではなく、生まれ持った特性であるということです。吃音も同じで、吃音があるのは本人がちゃんと話そうとしないからではなく、また、保護者がさびしい思いをさせたり、強く叱ったりしたからでもないのです。吃音になるのは、誰かが何かをしたからとか、しなかったからというものではありません。そう理解すると、吃音の子どもに「ゆっくり落ち着いて話してごらん」とアドバイスするのがまちがっていることがわかります。これは、もっと努力したらどうかと、できない努力を本人に強いていることになるのです。

発達障害と吃音との関係で大切なことは、吃音は他の発達障害と重複することが多いということです。二〇一〇年から二〇一五年におこなわれた米国の調査では、吃音の子どもに発達障害がある頻度は、吃音のない子の五・五倍にのぼることが報告されました。特にADHDについては、吃音の人の約半数にADHDがあることを示す研究もいくつかあります。発達障害があると、さまざまな点で生活しづらさが生じますので、吃音以外の発達障害があるかどうかをきちんと把握する必要があります。

吃音のことばの症状の一般的な特徴は何か

吃音のことばの症状は個人差が大きいものですが、一般的な特徴もあります。まず、大人でも子どもでも、吃音の人が苦手なのは、自分の名前、人前で話すこと、電話です。驚かれるかもしれませんが、吃音の人は自分の名前を言うことをとても苦手だと感じています。名前は言いやすいことばに言い換えることなどできませんし、ちゃんと伝えなければいけないからかもしれません。自分の名前は言う機会が多いものです。言う機会が多ければ練習になって、うまく言えるようになるのではないかと思うかもしれませんが、そうではなくて、うまく言えない経験をくりかえすことで怖くなり、ますます言えなくなってしまいます。このように吃音の人が自分の名前を言いにくいと思っていることは、一般的にはあまり知られていないようです。

次に吃音の人が苦手なのは、人前で話すことです。人前だと思ったように話せないことは誰でも経験しますが、吃音の人たちにとっては全く話せないこともあるくらい苦手な場面です。みんなが自分の話し方をじっくり見ていると感じるからでしょうか。口元が隠れるマスクがあると安心だと感じる吃音の人は多いようです。

声だけで伝えなければいけない電話も、吃音の人にとっては苦手な場面です。最近は電話に代わってメールを使うことが多くなったので助かっていると思います。物を買う時などもセルフ決済での購入方法が多くなり、話さなくてよくなったという点で、注文や買い物が楽になったかもしれません。ただ、これには注意が必要です。やらないでおくと、ますます苦手になる場合が多いからです。

吃音に共通する特徴の中に、吃音が出にくくなる条件も知られています。吃音は誰かと声を合わせて話すと出にくくなります。たとえば、ひとりで「これから朝の会を始めます」と言おうとしてもなかなか言えないのに、誰かと一緒だと吃音が出ずに言えるといったようなことです。園や学校などの当番を二人で言うなどの対策を講じている話はよく聞きます。また、吃音が出て音読の宿題をこなすのが大変な小学生が、お母さんと声を合わせて音読するとスラスラ読めたりします。お母さんでなくても、誰でもいいのですが、本当に不思議なくらい吃音が出ずに読めます。なぜ誰かと一緒だと吃音が出ないのかという理由については、ほかの人の声を聴くことで自分の話し方から注意がそれるからではないかという解釈がありますが、正確なところはわかっていません。

何か音を聴きながら話す時なども吃音が減少します。雑音のような音でも効果があるといわれていますが、誰かの声でも雑音でも、吃音の減少には即時的な効果があります。しかし、気をつけなければいけないことがあります。それは、この吃音の減少は一時的で長続きしないことです。そのまま続けていると、元に戻って吃音が出るようになるのです。どの程度続けると元に戻ってしまうのかには個人差があるようです。筆者の経験では、週に複数回、お母さんの声に合わせて音読を続けた小学生が、二週間ほどで一緒に読んでも吃音が出るようになった例もあれば、二年間くらい続けていても、吃音が出ずに読める例もありました。また、こうした誰かの声や雑音を使って吃音の出ない話し方をくりかえし練習したとしても、残念ながら、自分ひとりでどもらずに話せるようにはならないことを理解しておいてください。

ほとんどの吃音の人が経験していることですが、歌では吃音が出ません。症状の重い吃音の人でも、歌では全く吃音が出ないことがほとんどです。ことばがなめらかに出てくる心地よさから、歌を歌うのが好きだという吃音の人はとても多いものです。ただ、なぜ歌でなら吃音が出ないのかはわかっていませんし、毎日どれだけ歌を歌っても、話しことばの吃音は消失しません。

歌でなくても、たとえばメトロノームなどのリズムに合わせて話しても、話し方は不自然ですが吃音は減少します。自分でリズムをとりながら話しても同じような効果があります。腕を振ったり、指でタッピングをしたりする方法で言語訓練をおこなったという報告がありますが、これも続けていくうちに効果がなくなります。効果がなくなって再び吃音が出るだけでなく、話す時に不自然な動作が習慣として残ってしまうため、かえって話し方の違和感が増大します。今はこうした方法で吃音の言語訓練をすることはほとんどありません。

ひとりごとでも吃音が減少します。子どもがひとりごとを言いながら遊んでいる時のことばは驚くほどスムーズなものです。なぜひとりごとで吃音が減少するのかはわかっていませんが、相手に何かを伝えるときほどには話すことに注意を向けていないからではないかという解釈があります。

そのほか、吃音の大きな特徴に、一貫性効果と適応効果とよばれる現象があります。一貫性効果とは、同じ文章をくりかえし声に出して読んだ時、同じことばで吃音が出る傾向があるというものです。一方、適応効果とは、同じ文章をくりかえして読むと、吃音がだんだんと減少してくるというものです。たとえば、国語の本の同じ箇所を何度も音読練習すると、吃音が出ることばはたいてい決まっているのですが、しだいに吃音は出にくくなります。この現象を知っている先生や保護者は、学校で音読がある日の前日に、その箇所をくりかえし子どもに読ませることがあるかもしれません。しかし、たとえ前日の練習で吃音が少なく読めるようになっていても、翌日はうまく読めないのが普通です。子どもにくりかえし読ませて、あとで失敗させたりすれば、子どもは「期待通りにいかなかった、自分はだめな人間だ」と落胆するような、つらい経験をすることを忘れてはいけません。

幼児期の吃音の特徴は何か

吃音の症状はとても変動します。子どもでも大人でも、相手や場面によって変わるのが普通です。緊張すると吃音が出やすいと思われるかもしれませんが、適度な緊張感があったほうが出にくく、親しい人や家族が相手のほうが出やすいということもめずらしくありません。また、理由はよくわかりませんが、誰にでも、吃音が出にくい時期と出やすい時期とがあるようです。

このように変動するのが特徴の吃音ですが、幼児期にははっきりとした波がみられます。発吃して数年間は、吃音が出ている時期と消えている時期とがくりかえし現れるのが普通です。大人や小学生の場合、いつも吃音がある中での多いか少ないかの波であるのとはちがい、幼児期の波は、ほとんど吃音がみられなくなる時期があるのも特徴です。吃音がたくさん出ていると感じられる時、まわりはなぜ多くなってしまったのかと原因をつきとめようとしますが、原因はわからないことがほとんどです。保護者などは、吃音が消えている時はそのまま治ることを期待しますが、また出てくるとがっかりしてしまい、期待と落胆をくりかえしてストレスを感じがちです。子どもの吃音には波があるものだと理解して、波に気持ちを振り回されないようにすることが肝心です。

吃音はどのように変わっていくのか

発吃から時間が経過すると、ことばの症状も本人の吃音への意識も変わってきます。簡単に言うと、ことばの症状が、軽いくりかえしのタイプから、随伴運動をともなうブロックのタイプに移行します。そして、全く気にすることがない状態から、吃音を避けたり、吃音から逃げたりする状態に変わってくるのが特徴です。これを吃音の進展とよびます。進展は個人差が大きく、はじめの症状やその変わり方、変わる速さなども、人によってちがいが大きいと指摘されています。さらに、ことば

図1　吃音のある子どもの成長と影響する要因

（注）Barry Guitar, *Stuttering: An Integrated Approach to Its Nature and Treatment*, 2nd edition, Lippincott Williams & Wilkins, 1998, p.6（Figure1.1）を参考に作成。（イラスト：オノビン）

の症状が目立つことと吃音を気にすることとは、一対一に対応してはいません。つまり、ことばの症状が目立てば必ず吃音を気にするわけではなく、また、ことばの症状が目立たなければ本人が吃音を気にしないわけでもありません。吃音の進展を一様のものとしてお話しするのには問題もありますが、ここでは吃音を理解していただくため、もっとも一般的な進展過程をご紹介したいと思います。

吃音のある子どもの成長のようすをイラストに示してみました（図1）。前にもお話ししましたが、吃音は三歳前後に始まることが多いものです。発吃からしばらくのあいだは、軽いくりかえしやひきのばしといった、緊張やもがきの少ない吃音が多いものです。ブロックもみられますが、頻度は少なく、あっても持続時間の短いものがほとんどです。また、本人は自分に吃音があることを気にとめることがなく、話すことに対する苦手意識もないのが普通です。したがって、吃音があっても平気で話す姿が一般的で、幼児期のうちはこの状態が続くことが多いものです。つけ加えておくと、幼児期のこのような姿を見て、子どもは自分の吃音に気づいていないと思っている人は多いものです。

しかし子ども自身はというと、吃音が出た瞬間には、話しにくさやまわりのみんなとちがうことに気づいています。ただ、幼児期の子どもは、それをずっと考えているわけではないだけです。五歳くらいになって、話しづらさがあるかどうか聞いてみると、「ことばの最初がお、お、おってなっちゃう。最初が言えれば、あとは言える」というような返事が返ってきます。気づいていないように見えても、自分が時々つっかえることも、語頭音がくりかえされる吃音の特徴も、子どもはちゃんとわかっています。

小学校へ入学する頃になると、これまで出たり消えたりをくりかえしてきた吃音にも、はっきりとした波がみられなくなってきます。そうすると、今まで気にしないでいれば治ると思ってきた保護者が、このまま放っておいても治らないのではないかと不安をもち始めます。「ゆっくり言ってごらん」とか「もう一度言ってごらん」といった保護者の声かけが増えてしまうこともあります。

個人差はありますが、子どもが自分の吃音を意識し、吃音を嫌がっているのがまわりにもわかるようになるのは、小学生になってからが多いようです。まわりの子どもたちにからかわれて嫌な思いをする経験が、子どもの吃音に大きな影響を与えます。今まで気にしないでいた子どもが、吃音を嫌がるようになってくるのです。こうなってくると、ことばの症状は軽いくりかえしやひきのばしでなく、ブロックのタイプが目立つようになってきます。随伴運動がみられたり、ことばに「えーと」「あのー」などの挿入語が増えたりすることもめずらしくありません。随伴運動についていえば、子どもは自分の随伴運動に気がついているのが普通です。しかも、これが聞き手に違和感を与えることもわかっているので、何とかやめたいと思っているのですが、一方で、随伴運動をやめると今以上にことばが出にくくなるため、随伴運動を止めることはできないと感じています。

この時期になると、子どもたちは苦手な音やことば、苦手な場面を意識するようになります。前にも説明しましたが、吃音の子どもの苦手な場面の代表的なものは、人前で話すことです。人前で話すことの中で、吃音の子がもっとも嫌だと思っているのは自己紹介です。人前だからということ以外に、自分の名前を言わなくてはいけないので苦手さが増します。自己紹介を避けたいと思うあまり、学校を休んだり、直前に保健室に行ったりすることはめずらしくありません。

そのほか、教室で手を挙げて発表することや、発表会などのセリフを嫌だと思っている子も多いものです。授業中に先生にあてられて答えるのが苦手だと思うようになると、先生にあてられないかドキドキしてしまいます。あてられた時も、吃音が出るのではないかという不安と緊張で、よけいにすんなりとは出てこないものです。これが悪循環となって、あてられた時はいつも吃音が出るという状況がつくりだされてしまいます。また、日々の生活の中でつくりだされていく苦手意識は、似たような状況に広がっていきます。たとえば、うまく言えなかったことばがあると、そのことばと同じ音で始まることばが苦手になってきたりします。

それでも小学生のうちは、吃音を嫌がりながらも、友だちとよく遊んでいる姿が普通です。しかし中学生くらいになると次第に、吃音が嫌だという思いから、吃音のある自分を恥ずかしいと思うようになってきます。笑われる経験や恥ずかしいと思う経験がくりかえされ、自分に自信がなくなってきます。中には、自分は吃音のせいで人に嫌われているのではないか、自分は迷惑をかけているのではないかと気にしたり、言いたいことが言えない自分にいらだたしさを感じたりしていることもあります。そして、だんだんと人づきあいに消極的になってきます。また、できるだけ人前では吃音を出したくないと思い、吃音になりそうなことばをとっさにちがうことばで言い換えたり、言うのをやめたりすることが増えてきます。つまり、子どもの中に、吃音を隠そう、吃音から逃げようとする気持ちが生まれ、それが大きくなっていくのです。さらに、吃音の悩みを誰にもうちあけることなく、ひとりでつらさをかかえて苦しんでしまいます。

人前でどもりたくないという思いが強くなっていくと、ことばの症状にもますますブロックが増えていきます。ブロックは持続時間が長くなったり、聞き手に苦しそうな印象を与えるようになったりします。しかし、一般的には吃音とは音をくりかえすものだと考えられているため、ブロックでことばが出てこない状態を、まわりが吃音だと思わないこともしばしばです。苦しそうな印象を与えないブロックの場合は特にそうです。授業中にあてられて、ブロックのために答えられないのを、まわりは答えがわからないからだと誤解していたり、小学校高学年になって吃音がブロックへ移行してきたのを、だんだん吃音が治ってきたとかんちがいしてしまっていることもよくあります。

子どもが吃音を避けたり、吃音から逃げたりすれば、吃音は目立ちにくくなります。たとえば話すのを避けていれば、まわりには吃音だと気づかれなくてすむわけです。しかしこれは、まわりには気づかれない代わりに、自分の中では言いたいことが言えない不満や不甲斐なさの気持ちを生じさせます。ことばの言い換えも同様で、いつも言い換えられることばが見つかるわけではないため、思いとはちがったことを言ってしまうことがあります。そんな時もやはり、どもらないで言えたという思いより、思い通りのことが言えなかったことに不満が募ります。仮にうまく言い換えられたとしても、言い換えなければ話せない自分がとても嫌だと感じています。

授業で答えがわかっているのに手を挙げなかったり、友だちに言いたいことが言えなかったり、そのほかにも吃音を避けたり、吃音から逃げたりする経験とそれにともなう思いがさまざまに積み重なって、結局、「自分は何もできない、役に立たない人間だ」と自己を否定するようになってきます。こうした自己否定の思いは、思春期の引きこもりや不登校、自殺などの二次的問題を引き起こす可能性がありま す。吃音の経験のない人には、単にことばがなめらかに出てこないだけの些細な問題だと思われがちですが、本人にとっては自分の存在意義に関わるような、こころの問題になってしまうのです。

簡単にまとめると、子どもはまず、自分の吃音を、人とはちがう話し方と意識します。それがまわりに良く評価されないものと感じとることにより、嫌なものとなります。そして結局、そういう嫌なもののある自分を否定してしまうのです。これは子どもの自己理解と他者理解の発達が関わっています。しかし、この子どもの発達が、必ず吃音を嫌なものにするわけではありません。吃音のある自分をありのままの自分として理解し、他者が吃音を受容してくれると理解すれば、吃音は決して嫌なもの、吃音のある自分は恥ずかしいものにはならないはずです。逃げたり隠したりしなくてもいいものとして吃音を認識させていくには、子どもに吃音を肯定する思いがもてるような、発達に合わせた取り組みが必要なのです。

吃音が問題になるのは

吃音はことばがスムーズに出てこないことから始まりますが、吃音が本当に問題になるのは、子どもが吃音を隠す、吃音から逃げるという行動をとるようになることだといえます。つまり、吃音の話し方が嫌だと思うあまり、生活の中に避けたいと思うことがたくさん生じてきて、生活がとても不便なものになります。それだけでなく、さまざまなことを避けてやらなかったり、できなかったりする自分に嫌気がさしてしまうのです。子どもははじめから吃音を隠そう、吃音から逃げようとはしません。子どもが吃音を隠そう、吃音から逃げようと考えるようになってくるのは、まわりから受ける影響がとても大きいのです。それでは、吃音が子どもにとって嫌なものにならないためには、どのような支援が必要なのでしょうか。第2章ではそのことについてお話ししていきます。

2

吃音にはどのように対応したらよいか

（廣嶌忍）

吃音を「治す」とはどのような意味か

　ここでは吃音への対応について、吃音の支援もしくは吃音支援とよぶことにします。吃音への支援について説明する前に、まず「吃音を治す」とはどのような意味かを説明します。医学の分野で病気を「治す」というと、原因を取り除いて症状をなくす根本治療と、症状に働きかけてそれを抑える対症療法とがあります。吃音は原因がわからないのですから、根本治療の方法はわかっていません。これまでおこなわれてきた吃音の支援は、吃音の症状を和らげるための対症療法です。

　では、支援で抑えようとする吃音の「症状」とは何をさすのでしょうか。ほとんどの人が思い浮かべるのがことばの症状で、ことばのはじめの音がくりかえされたり、ひきのばされたり、つまったりすることです。米国の有名な吃音研究者のひとりであるヴァン・ライパーは、これを「吃音の核」とよんで、吃音の中心にある問題ととらえています。しかし、第1章でお話ししたように、吃音の問題はことばの症状だけではありません。吃音を避けたり吃音から逃げたりする行動や、吃音のある自分を否定することも大きな問題で、広い意味ではこれも吃音の症状です。一般的には、こうした症状を二次障害とよぶこともあります。

時代をかなりさかのぼりますが、米国では、ことばの症状は一次吃、ことばの症状以外の心理的問題は二次吃とよばれていました。さらに、ことばの症状以外の問題をさらに分けるという考え方があります。たとえば、米国の吃音研究者のギターは、吃音を何とかしようとして「えーと」や「あのー」などと言ったり、随伴運動をしたりする行動を「二次的行動」とし、言いにくいことばがあると感じたり、さらには自分はだめな人間だと考えたりすることを「吃音に対する感情や態度」として区別しています。

研究者によって吃音の問題の分類には多少のちがいはありますが、吃音の問題を複数の要素でとらえる必要があることは考えが一致しています。なぜ問題を複数の要素でとらえる必要があるのかというと、人によってそれぞれの問題の大きさがちがうからです。年齢によってもちがいますし、同じような年齢でも、問題の大きさのバランスは同じではありません。ギターの分類に従って、ことばの症状、二次的行動、吃音に対する感情や態度の三つの面で考えてみましょう。

たとえば、ことばの症状がとても目立つのに、吃音や吃音のある自分に対して否定的な感情が小さい人もいれば、逆にことばの症状が目立たないのに、吃音をとても嫌がっている人もいます。また、ことばの症状が目立つといっても、随伴運動があることもあれば、ないこともあります。吃音には個人差があるとくりかえし説明してきましたが、個人差をそれぞれの問題の大きさとバランスでとらえることが、その人の吃音を支援するためには重要なのです。

吃音の症状への多面的なアプローチについて

ひとりの人の支援を考えた時、その人のさまざまなニーズや特性、生活環境などをとらえてアプローチすることが重要です。こうした考え方は吃音に限らず、近年、包括的支援ともよばれています。吃音の場合、話し方だけでなく運動発達をうながしたり、本人だけでなく保護者への支援をおこなったりと、包括的支援が含む要素はさまざまで、吃音の問題をどのようにとらえるかによってもちがってきます。ここでは、前の項目で述べたように、吃音には核になる問題と、そこから派生する二次的な問題があるというとらえ方をもとに、それらにどうアプローチできるのかを簡単に説明します。したがって、吃音の人が置かれた環境などについてはふれずに、要素を少し限定して説明することから、包括的支援ではなく多面的なアプローチとよぶことにします。

まず、ことばの症状に対するアプローチについてです。北米、ヨーロッパ、オーストラリアなどでは、ことばの問題に対する対応をスピーチセラピーとよび、研究も実践も日本よりさかんです。吃音のスピーチセラピーには、大きく分けて「なめらかに話す」ことを目的にするものと、「なめらかにどもる（楽にどもる）」ことを目的にするものとの二つの方法があります。これらはどちらも話し方の練習をして、吃音のある話し方を変えるものです。スピーチセラピーは吃音を減少させることもありますが、吃音を治せるわけではありません。スピーチセラピーの方法については、次の項目で説明します。

次に二次的行動に対するアプローチです。ギターの分類による二次的行動の代表的なものは、随伴運動や「えーと」「あのー」などの語句の挿入です。これらは、そうすることによって吃音が避けられたという経験により身についたものであることはすでに説明した通りです。随伴運動の場合は、聞き手には違和感が大きいので、まわりは何とか消せないものかと考えることが多いものです。しかし随伴運動だけを消すことはとても難しいと考えてください。仮に、今出ている随伴運動を抑えたとしても、動かないと話せないので、別なかたちの随伴運動が出てきてしまいます。随伴運動は、吃音のことばの症状が楽なものになってくると自然に少なくなってきますので、スピーチセラピーが有効なこともあります。

最後は吃音に対する感情や態度への対処についてです。吃音が進展してくると、特定の音やことば、場面を苦手だと思うようになります。そして、心理学では般化とよびますが、苦手意識は似た音やことば・場面に広がっていきます。こうした吃音の苦手意識には、系統的脱感作法《けいとうてきだつかんさほう》とよばれるような、段階的に苦手意識を解消していく方法がとられることがあります。簡単にいうと、苦手な場面をリストアップし、比較的苦手意識の低い場面から高い場面へと段階的に恐怖感や緊張を解消するものです。吃音が出てしまうと怖がって、よけいに吃音が出る時や話せなくなってしまう時などは、こうした方法も有効です。

また、「自分はだめな人間だ」と思う気持ちに対してはカウンセリングや心理療法がおこなわれます。最近では認知行動療法とよばれる心理療法が効果的であると考えられています。カウンセリングや心理療法は、臨床心理士や公認心理師などの資格をもつ専門家がおこなうこともあり、ことばの症状へのアプローチとは別にしておこなうことが可能です。しかし、心理的問題とことばの問題とは切り離して考えられませんので、さまざまな職種の人が連携して多面的に支援するという考えが重要です。

欧米のスピーチセラピー

先にも説明しましたが、欧米の言語訓練（スピーチセラピー）には「なめらかに話す（speak fluently）」方法と「なめらかにどもる（stutter fluently）」方法とがあります。「なめらかにどもる」というのはわかりにくいかもしれませんが、できるだけ楽な吃音で話すということです。

「なめらかに話す」ことを目的にしたスピーチセラピーは、文字通り、話し方から吃音をなくすことを目標にします。方法は行動療法とよばれる手法を用いるのが普通です。たとえばどのようにおこなうかというと、まずは単語をどもらないように言う練習をします。その時、いつも通りの言い方では吃音が出てしまいますので、ゆっくり言う、音をひきのばしながら言う、メトロノームに合わせて言う、セラピストと一緒に言うなど、吃音が出にくくなる条件を使うのが普通です。メトロノームや指導者と一緒に言うなどの場合は、それらの補助をだんだんと取り除いていきます。単語で吃音が出ないようになったら、練習することばを順々に長くしていきます。たとえば、「ぼうし」の次は「青いぼうし」、その次は「青いぼうしをかぶった男の子」というようにです。そして最終的には、会話のレベルでも吃音が出ないように練習します。ただし、この方法で話せるようになっても、ゆっくりした話し方は残っているので、全体的な話し方が不自然だと感じる人もいます。

一方、「なめらかにどもる」ことを目的としたスピーチセラピーは、吃音そのものを変化させることによって、話し方をできるだけ流暢にします。つまり、自分がどのようにどもっているかを理解して、それを少しでも楽なもの、スムーズなものにコントロールしようというのです。吃音が生じた時に無理に音を出そうとすると、口やのどが緊張してブロックが長引いてしまうのが普通です。そうならないためには、吃音が起こった時に口やのどの緊張を解きほぐし、うまく動かし続ける必要がありますが、その方法を習得して、会話で生じる吃音に対応するのです。具体的なスピーチセラピーの方法としては、自分がどもった箇所が自覚できるような練習と、やわらかく声を出したり、口をゆっくり動かしたりなど、やわらかい動作で音を出すことができるような話し方の練習をおこないます。それらができるようになったら次は、自覚した場所でやわらかい動作が使えるよう練習をします。つまり、吃音が起こったら瞬時にその動作で対応できるようにするのです。やわらかい動作のほかにも、意図的に音を軽くくりかえすことを練習しておいて、吃音を意図的な音のくりかえしにすりかえる方法もあります。この意図的な吃音のことを随意吃《ずいいきつ》とよびます。

両者にはそれぞれ長所と短所があります。「なめらかに話す方法」は、吃音がなくなる点では魅力的ですが、話し方に不自然さが残ります。ゆっくり言う、音をひきのばして言うなどの言い方で練習しますので、不自然になることは避けられません。しかも、スピーチセラピーで流暢に話せるようになっていても、数カ月もしくは数年後にまた吃音が出ること（再発）が頻発します。「なめらかに話す方法」で練習した人は、吃音の再発に大きなショックを受けます。これは、この方法が、なめらかに話すことがよいことだという考えのもとにおこなわれるからであって、結果的にはスピーチセラピーを受ける前より、吃音そのものや吃音のある自分をはるかに強く否定しがちです。

一方、「なめらかにどもる方法」は、吃音そのものを操作するので再発は少ないと考えられています。しかし、吃音を嫌がっている人にとっては、自分がどのようにどもっているのかや、いつどもったのかを意識するような練習の仕方には抵抗が大きいものです。自分が嫌だと思っている吃音を直視することにほかならないからです。しかも、スピーチセラピーを受けても完全に流暢にはなれないという点で、満足感が得られないようです。しかし、逆にうまく取り組めれば、吃音に向き合い、吃音があってもいいと考えられるようになることで、吃音に対する否定的な思いを軽減できるという効果があります。

このような両者の短所と長所とから、現在は二つの方法をうまく組み合わせて使うことが提唱されています。吃音の症状に合わせて方法を変えるということです。これは理想的に思えますが、実際には、組み合わせはあまり簡単ではありません。このように、欧米のスピーチセラピーは、吃音のことばの症状に働きかける方法といってよいでしょう。しかし、吃音のことばの症状を取り去ることは容易ではなく、本人が吃音を否定的に思う気持ちと無縁なところで取り組むことはできないことも明らかです。

「ゆっくり話してみたら」というアドバイスには効果がない

吃音のある人の話し方を聞いていると、慌てているのではないかと感じることがあります。それは吃音のない人の場合、慌てたり、焦ったりすると吃音が出やすくなるからです。自分のそうした経験から、吃音の人がどもりながら話しているのを見て「ゆっくり話してみたら」とか「落ち着いて話してみたら」とアドバイスする人も少なくありません。

しかし、吃音の原因は慌てることだとは考えられていません。また、吃音の人が吃音でない人より話す速度が速いという証拠や、「ゆっくり話してみたら」というまわりの声かけに効果があるという研究結果もありません。それどころか、本人に話し方について何かを言うことは、努力が足りないから吃音が出る、そんな話し方は良くないのだと、かえって吃音の人を責める結果になります。吃音の人にとって、的の外れたアドバイスは、吃音は理解してもらえないと感じ、さびしい思いをする要因にもなります。まわりに必要なことは、「ゆっくり話してみたら」と吃音の人に要求することではなく、自分が吃音の人の話を「ゆっくりと最後まで聞く」ことなのです。

機器や薬で吃音は治るか

めがねをかけて視力を矯正するように、何か機器や装置などを身につけることで吃音が抑えられたらいいと願う人は多いものです。しかし、長期間効果的に吃音を抑えられる機器や装置は、残念ながらありません。補聴器のような吃音矯正器具があると聞いたことがあるかもしれませんので、それについて少し説明をします。

私たちの耳は、ほかの人の話を聴くだけでなく、自分の話し方を監視（モニタリング）するという重要な役目をもっています。これを聴覚フィードバックとよびます。一九五〇年代はじめに、吃音でない人が、特殊な装置を使って、自分の声を一秒の四分の一くらいの時間遅らせて聴きながら話すと、吃音のような話し方になることが発見されました。この吃音は人工的に作り出されていることから、人工吃《じんこうきつ》とよばれます。ところが、吃音の人がこの条件のもとで話すと、よけいに吃音が出るのではなく、吃音が消えて流暢に話せるようになります。この変化は、吃音の人にはあたかも聴覚フィードバックに問題があって、それが矯正できたかのようにとれる現象です。音をわずかに遅らせて聴くことを専門的には遅延聴覚フィードバック（略してＤＡＦ《ダフ》）とよびますが、ＤＡＦによって吃音が出なくなることが明らかになったことから、ＤＡＦを吃音の治療に使うことが考えられました。ＤＡＦは即座に吃音を消失させることができるので、吃音の人には福音《ふくいん》とも思われた装置でした。しかし、ＤＡＦには問題がありました。ＤＡＦは即時的な効果がありますが、効果に持続性はないのです。つまり、ＤＡＦをつけ続けていると、再び吃音が出るようになってしまうのです。今では、ＤＡＦでなくても、雑音でも誰かの声でも、何かを聴きながら話すと同様の効果がみられることがわかっています。イヤホンや補聴器のような形状で、何らかの音を聴けるようにした吃音矯正器具が売られているかもしれませんが、身につけるだけで永続的な効果があることは立証されていませんので、使用には注意が必要です。

また、吃音への不安が高い時は、不安を軽減させるために服薬をすることがあります。服用することで吃音が軽減するケースもあるようですが、副作用があったり、効果も期待するほどではないことが多いようです。したがって、現在のところ吃音を治すための薬はありません。

吃音が治らないのは本人の努力が足りないのではない

吃音の支援を「吃音のことばの症状を消失させる」という意味だけでとらえると、医学的に有効な治療がないのですから、科学が進歩した現在でも、吃音のことばの症状は消し切ることはできないと考えていいでしょう。したがって、吃音の支援を受ける時は、ことばの症状の消失にはどのような方法にも限界があることをわかったうえで臨んでいただきたいと思います。

そうでなければ、支援に過大な期待をすることになってしまい、結局吃音が期待したように消えなかったとき、吃音が消えないのは自分のせいだと思い込んで、とてもつらい思いをします。自然治癒の可能性の高い幼児期は別ですが、小学校以降は支援を受けても吃音が消失しないのはむしろ当然で、決して努力が足りないとか、何かその人に悪いところがあるわけではありません。

親が気にしないでいれば吃音は治るか

幼少期のことになりますが、「気にしないでいれば吃音は治る」とアドバイスを受けている保護者は多いものです。しかし、「気にしない」ということの意味がきちんと理解されずにいることによって、かえって吃音の問題を大きくしています。ここでは、「気にしない」ということの意味を説明します。

そもそも、なぜ吃音を「気にしないように」といわれているのでしょうか。おそらくこれは、米国の有名な吃音研究者のウェンデル・ジョンソンが提唱した、親が吃音をつくりだすという考えに由来しているものと思われます。これは、親が子どもの吃音を気にして反応するため、本来なんでもないことばのつかえが吃音になってしまうというものです。今ではこの考えは否定されていますが、子どもが「どもってはいけない」と思うことが吃音を悪化させると指摘した点はまちがっていません。どういうことかというと、保護者が吃音を気にしてあれこれ子どもに言ったり、口に出さないまでも心配そうなことを子どもに感じ取られたりすると、子どもが吃音を隠そうともがくため、吃音が苦しいものに変わってしまうのです。したがって、保護者が吃音を気にしないことはとても大切なことです。しかし、かんちがいしないでほしいのは、気にせずにいても吃音が消えるわけではないということです。

吃音を気にしないということが、吃音について子どもにはいっさい何も言ってはいけないということだと思っている方が少なくありません。子どもは時折、吃音を気にしているようなことを言うことがあります。ことばが出てこないといって怒って泣いたり、五、六歳になると、なぜ自分はこんな話し方なのかと保護者に尋ねることもあります。保護者はそんな時、気にしないとは何も言わないことだと考えて、慌てて話をはぐらかしたり、「そのうち治る」と言って話題を変えたりすることが多くなります。子どもはというと、吃音のつらさを訴えてもとりあってもらえないと思い、まわりには言ってはいけないことと考えるようになります。結局、吃音を気にしないようにふるまうことが、吃音を遠ざけたり避けたりすることになって、子どもが吃音の悩みをひとりでかかえ込んでしまうことにつながっていくのです。

吃音の問題を進展させないために、保護者が吃音を気にしないようにするということには、気にしないというよりもっと積極的な意味があります。子どもが吃音は嫌だと思わないように、吃音がある話し方のままでいいということを、きちんと子どもに伝えていくことが、「吃音を気にしない」ということなのです。それには、保護者が子どもの吃音を受け入れる必要があることは言うまでもありません。

子どもと吃音の話をしたほうがよいか

これも幼少期のことになりますが、吃音の話をすると子どもが吃音を意識して、かえって吃音が目立つようになったり、治らなくなったりするのではないかという心配から、保護者も支援者も吃音について子どもと積極的に話したがらないことがあります。ところが、吃音の話をしてはならないものにしていると、結局、吃音に否定的なイメージを貼りつけ、子どもはひとりで悩むことになります。

吃音のある大人の人からよく聞くエピソードですが、たとえば人前で話す時、自分には吃音があることをはじめに言ってしまうと、かえって吃音が減って楽に話せる場合があるようです。おそらく、吃音を隠さなくてもよいことが、楽に話せる環境をつくりだすからでしょう。

もうひとつ、子どもと吃音の話をする大切な理由があります。これも大人からよく聞くことですが、吃音ということばを知らなかった時は、何だかわけのわからないものをかかえているという不安がとても大きかったようです。自分のことばの症状は吃音とよばれるものだと知って、やっと安心できたという経験をした人は少なくありません。それだけでなく、自分が悪いとか、自分ひとりだけだというような考え方が誤っていることを知って楽になれたという話もあります。吃音をオープンにすることで、吃音をわかっていくことができるわけです。

吃音のことを子どもと話すことが、吃音はそのうち消えるものではないのだという絶望的な宣告をすることだと考えている人がいるかもしれません。しかし、吃音が消えないということも、「消えなくても大丈夫だ」という思いとともにくりかえし伝えられれば、それは絶望的なことではありません。吃音の話題がオープンになっていくためには、吃音を肯定するまわりの雰囲気が大切です。しかし、それだけでなく、話す側にも自分をさらけだす自信が必要です。筆者は、吃音があることへの自信を形成するひとつの方法として、同じ吃音のある仲間をもつことが大切だと考えます。「自分には吃音がある」とまわりに言える勇気がもてるのは、仲間がいる心強さが支えになるときではないでしょうか。

吃音のある人にとって大切なこと

吃音のある人や子どもにとって大切な対応を考える時、人が吃音からどのような影響を受けているかを知ることが必要です。そこで、筆者はＱＯＬという観点から、吃音が生活に与える影響を調査しました。

ＱＯＬというのはクオリティ・オブ・ライフ（Quality of Life）の略で、日本語では生活の質と訳されています。たとえば病気になって治療を選択する時、自分らしく満足して生きる生活を考えますが、こうした生活の評価にＱＯＬというものを使います。簡単にいうとＱＯＬとは、どれくらい自分らしく満足な人生を送っているかという値です。大切なのは、本人がどう感じているかということです。

ひとりの人のＱＯＬに関わる要素にはさまざまなものがあります。信条や、物質的なものも関係するかもしれません。心とからだの健康に着目したＱＯＬを特に、健康関連ＱＯＬ（ＨＲＱＯＬ）と呼び、医療分野でよく使われます。ＨＲＱＯＬを測る方法に、ＳＦ－36というアンケートがあります。米国で開発され、今では世界中で使われています。具体的には、身体機能、日常役割機能（身体）、体の痛み、全体的健康感、活力、社会生活機能、日常役割機能（精神）、心の健康の八項目に関わる健康度を、本人に尋ねて測定します。たとえば「活力」であれば、「元気いっぱいでしたか」という質問があって、回答者は「いつも」から「ぜんぜんない」までの五段階で自分にあてはまるものを選びます。質問は全部で三五問です。

筆者はこのＳＦ－36（SF-36v2）の日本語版を使って吃音の人のＱＯＬを調べました。図2は、吃音の人のＨＲＱＯＬを日本の国民標準値と比較したものです。値が上にあるほうがＱＯＬが高いことを表します。たとえば、いちばん右の心の健康

図２　吃音のある人のHRQOLと日本国民標準値

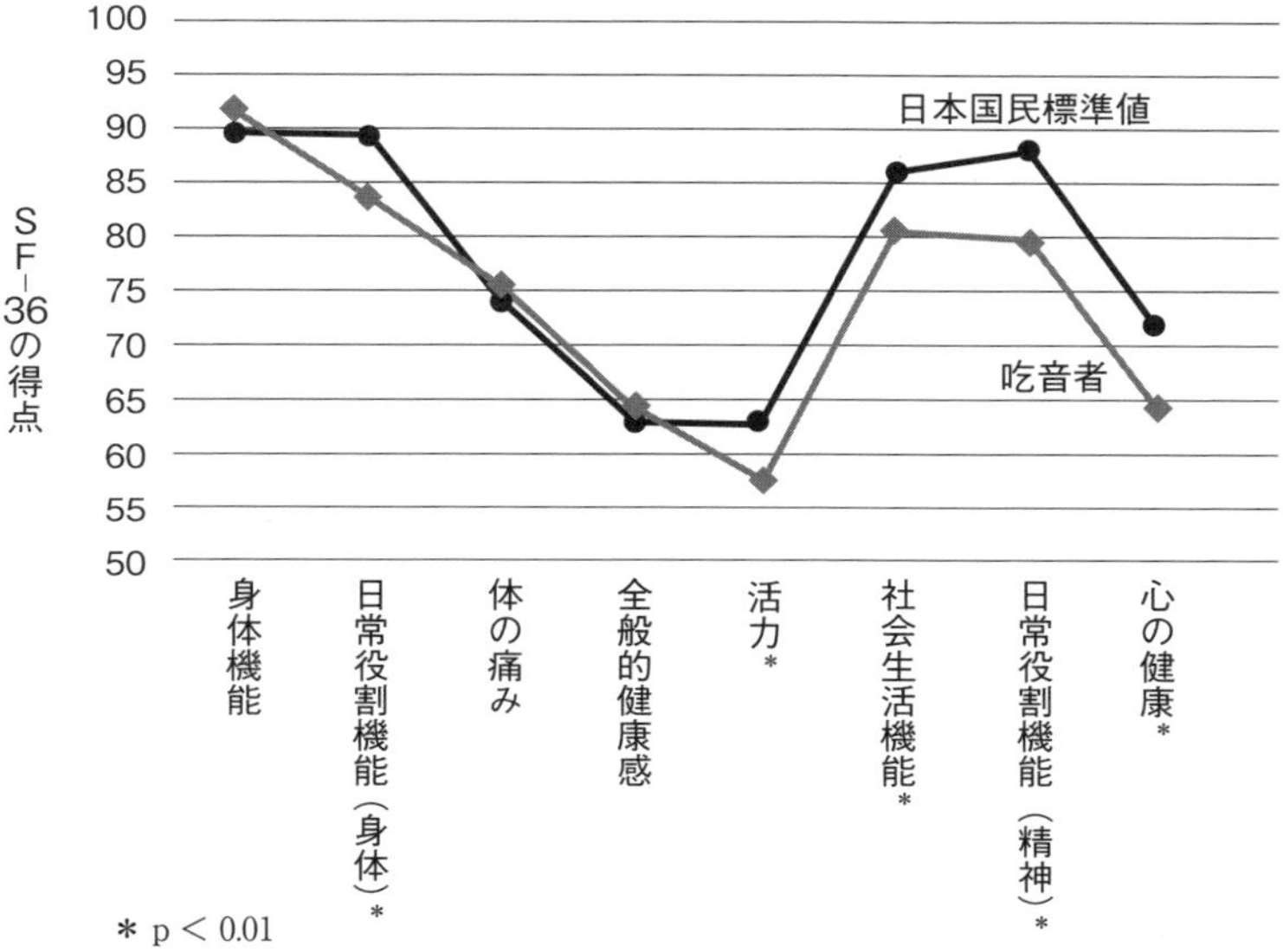

＊ p ＜ 0.01

図３　吃音のある人の三つの健康度

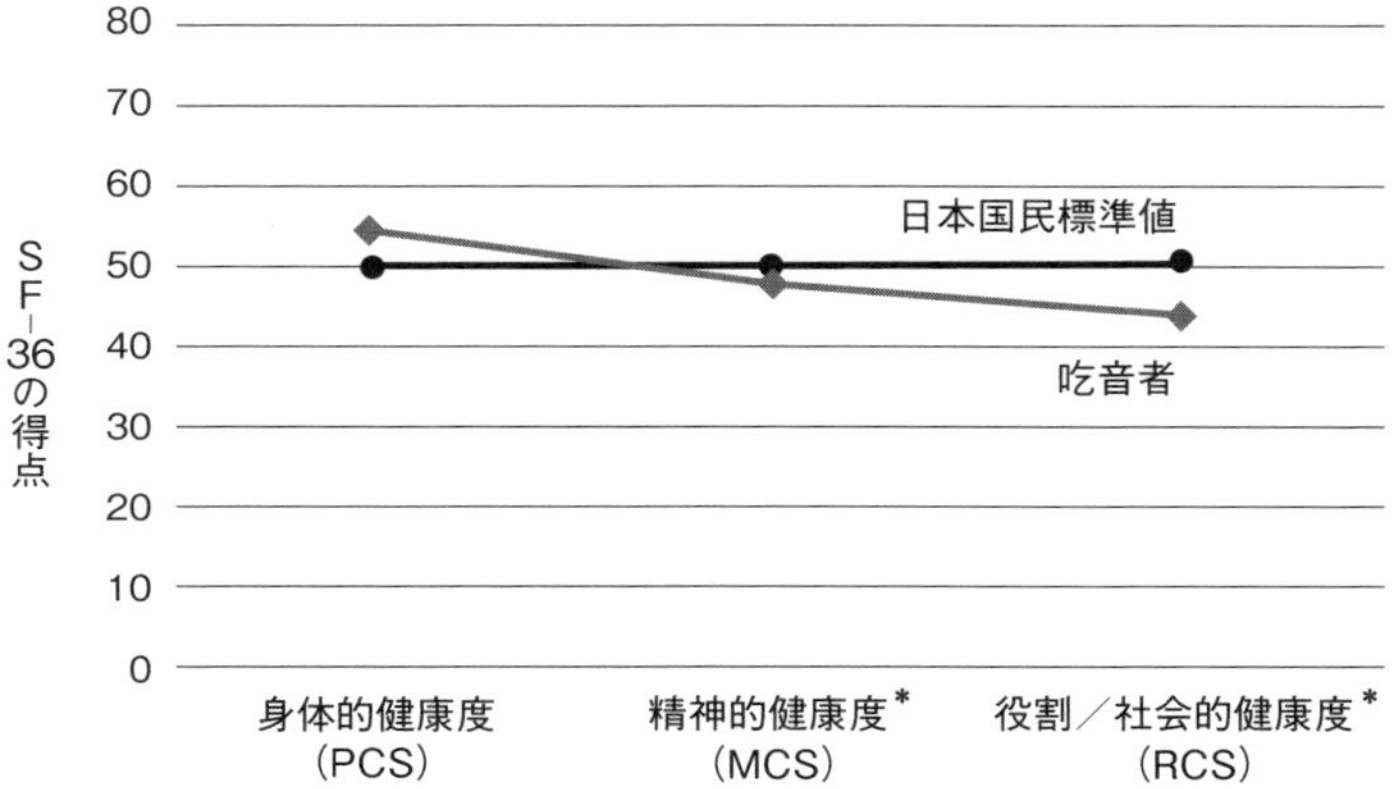

＊ p ＜ 0.05

（注）本調査は2012年に実施したものです。

は、吃音のある人の値が日本国民標準値よりも下にあるので、吃音の人の心の健康のQOLは日本国民の平均より低いことになります。結果を見ると、吃音のある人が国民平均より低い項目が多いことに気がつくと思います。日常役割機能（身体）、活力、社会生活機能、日常役割機能（精神）、心の健康が低いので、吃音のある人たちは疲れ気味で、何か仕事や普段の生活にさしつかえていることがあったり、憂鬱《ゆううつ》な気分であったりすると解釈できます。

SF-36の日本語版では、コンポーネント・サマリースコア（CS）というものが算出できます。八つの項目を三つの因子にまとめたものです。三つの因子とは、身体的側面、精神的側面、そして役割・社会的側面で、それぞれを、身体的側面のQOLサマリースコア（PCS）、精神的側面のQOLサマリースコア（MCS）、そして役割／社会的側面のQOLサマリースコア（RCS）とよびます。図3はこの三つのCSを、吃音者と日本国民平均とで比較したものです。こちらの図は、日本国民標準値を五〇とした時に、そこからどれくらい離れているかが読み取れるようにしたものです。上方に離れていれば国民標準値よりQOLが高く、下方に離れていれば低いわけです。

この図から興味深いことがわかります。吃音があると精神的につらいことは想像できます。これまでも、孤独や不甲斐なさの思いがあることを伝えてきました。しかし、精神的側面（MCS）のQOLも低めですが、差はわずかです。それよりも吃音の人で低いのは、役割／社会的側面（RCS）のQOLなのです。これはどういうことかというと、吃音の人たちは社会の中で自分は役立っていないとか、必要とされていない等と感じていると解釈できます。吃音があるせいで迷惑をかけていると か、うまくできないと思うことが多いことを考えると、納得できる結果に思えます。

この結果の解釈をまちがってはいけません。この結果は、吃音の人が社会の役に立っていないということでは決してありません。かんちがいしやすい人というのでもありません。吃音の人は、吃音を気にしているせいで、自分のことを役立っていないと感じてしまっているということです。このことがわかると、吃音の人の支援はどうあるべきか自然にわかります。まわりの人は、吃音の人や子どもが、自分が必要とされていること、役立っていることに気づけるように接する必要があるのです。

子どもたちは吃音のことを誰にも言えずに、さびしい思いをして育つとお話ししてきました。そして、吃音の大人のQOL調査の結果からわかったことは、子どもたちは吃音のある自分は必要とされていないという無力感を感じながら育っていくということです。目先の吃音ばかりにとらわれて、自分のよさにも自分の好きなことにも目を向けず、吃音を治してすらすら話せるようになることばかりを考えていたら、この無力感をいつまでも持ち続けることになる可能性を忘れてはいけません。

目の前でわが子がどもっているのを見ると、何とかしたいと思うのは当然です。米国の吃音研究者で、筆者の恩師でもあるエドワード・カントゥアー博士は、支援の助言として、その人は吃音である前に、ひとりの人であることを忘れてはいけないと述べています。しかし、保護者も支援者も吃音ばかりに注目していることが少なくありません。カントゥアー博士が指摘するように、吃音だけを見つめないで、子どものもっとたくさんの部分に目を向けてください。吃音が子どものすべてになってしまわないためにです。そして子どもの生活全体を見据えて、吃音の支援を考えるようにしてください。

さらに付け加えれば、吃音はマイナス面だけではありません。吃音のある作家は、ことばで悩んだからこそ、ことばが人を傷つけることや表現の大切さがわかり、感性を磨いたと言っています。相手の話をよく聞ける聞き上手の吃音の人たちもたくさんいます。吃音のある自分を好きと言えるまでには時間がかかるかもしれませんが、それまで、子どもが自分を見つめていくプロセスに寄り添っていきたいものです。

吃音への合理的配慮

吃音のある話し手にどのような支援ができるのかや、保護者や支援者がどう対応するのかを話してきましたが、もうひとつ、大切な考え方をお伝えします。それは「合理的配慮」とよばれるものです。

二〇二四年四月から改正障害者差別解消法が施行されたことにより、合理的配慮はさまざまなところで法的に保障されています。内閣府は合理的配慮について、「障害のある人は、社会の中にあるバリアによって生活しづらい場合があります。障害のある人から、社会の中のバリアを取り除くために何らかの対応を必要としていると意志が示されたときには、負担が重すぎない範囲で対応することが求められます」と説明しています。

したがって、合理的配慮の考えのもとでは、吃音の人が吃音のために難しいと思うことがあった時は、それに対して何らかの配慮を求めることができるわけです。たとえば、制限時間が設けられている英語のスピーキングテストで、吃音のために制限時間内に答えることが難しい場合には、配慮を求めることができます。時間制限をなくす、または延長することで、本来もっている力を発揮できるからです。つまりこの場合、制限時間は吃音の人にとってはバリアです。人前に出ると、どうしてもことばが出てこない時なども、そうした難しい状況に置かれないよう配慮を求めることができます。合理的配慮の浸透によって、吃音は本人が何とかするべきものという考え方から、まわりが対応できることをするという考え方に変わってくることが期待されます。

合理的配慮について、わかっておくべき大事なことがあります。それは、合理的配慮は本人の申し出にしたがって整えられるものであることです。何がバリアなのか、どのようにしてほしいのか、本人が申し出ることで、自分に合った適切な合理的配慮がすすみます。本人が申し出ることは簡単なことではありませんが、これができるようになるために、小さな頃からの配慮の経験や、自己理解の取り組みがとても重要です。

どこで支援が受けられるか

同じ病気でも受診する医療機関によって治療法が異なることがあるのと同じように、吃音の支援についても、どこでも同じ内容の支援が受けられるわけではありません。ましてや原因も治療法も不明なわけですから、支援者側も支援方法を試行錯誤していることが多いものです。すべての支援の場がこの本と同じような考え方ではないことを前提にお話ししなければなりませんが、一般的にはどこで吃音の相談が可能であるのかをご紹介します。

医療機関には、言語聴覚士の資格をもつスタッフがいて、吃音の相談を受けていることがあります。日本ではあまり多くありませんが、言語聴覚士や教員の資格をもつ人が個人で吃音相談室を開いていることもあります。医療機関は大人から子どもまで通うことができます。子どもの場合、教育委員会や市役所、町村役場でも吃音の相談を受け付けてくれます。小学生は小学校の言語障害通級指導教室（ことばの教室、第3章参照）に通えることがあります。通級指導教室は積極的に利用してほしい場所です。

子どもが小学校を卒業すると、相談できる場所が見つからないことが多いかもしれません。また、思春期になると吃音の悩みが大きくなりがちですが、本人が相談に行きたがらないことも少なくありません。中学校以降は、なかなか支援にたどり着けないのが現状ですので、早くから相談したり、相談場所を見つけておくことが重要です。

吃音の支援の場としてセルフヘルプグループがあります。セルフヘルプグループとは、同じ悩みのある人が集まって問題に対処するもので、自助グループともいいます。ひとりで悩みをかかえがちな吃音の人にとって、吃音の仲間に会える場所はとても安心できる場所です。吃音のセルフヘルプグループでも、最近はさまざまな活動がありますので、インターネット等で情報を収集してください（九一ページのコラムも参照）。

一〇〇人に一人が、一生、吃音とつきあっていくことになります。吃音のある子どもたちが、悩みをわかってくれる大人に相談し、仲間を見つけて、吃音のある自分に自信をもって成長できることを願っています。

3

吃音の支援

吃音について理解するとはどのようなことか——四つのN（廣島忍）

吃音について理解するとはどのようなことでしょうか。吃音の研究がすすんで、吃音に関係するゲノムがわかってきました。このゲノムが何かを知ることも、吃音を理解することです。筆者も吃音の人の脳波を計測して、吃音でない人と異なる特徴があることを示しました。これも吃音を理解することになります。しかし、当事者にとって、吃音のつらさから楽になることを考えた時、理解しなければいけないことは次の「四つのN」だと筆者は考えています。

四つのNとは、これは吃音という名前（Name）のあるものであること、吃音は話せないのではない（Not）こと、吃音なのは誰のせいでもない（Not）こと、そしてあなたはひとりではない（Not）ことです。

簡単に説明をします。

まず、ことばがなめらかに話せないのは、吃音という名前のある現象であることを知ることが重要です。うまく言える時と言えない時があって、制御不能で得体の知れないものという理解から、「吃音」というものだと知るだけでもほっとできます。

吃音から楽になるために理解すべき四つのN

- 吃音という名前（Name）のもの
- 話せないのではない（Not）
- 誰のせいでもない（Not）
- あなたひとりではない（Not）

二つめは吃音の大事な特徴です。吃音は話せないのではありません。話すのに時間がかかるだけです。こう説明することで、話せないとか、わかっていないといった誤解をされずにすみますし、まわりはどう対応すればよいかがわかります。時間がかかるだけですので、話し終わるまで待てばいいわけです。

三つめは吃音の原因です。吃音になったのは誰のせいでもありません。自分が何かをしたとか、しなかったとかには全く関係がありません。慌てて速く話しているとか、焦っているとかでもありません。また、親が何かをしたとか、しなかったとかも関係がありません。根拠のない理由で自分や誰かを責めて悩むより、今できることを前向きに考えることが大切です。

最後に、吃音なのはあなたひとりではありません。こんな話し方は世界でひとりだけだと考えて落ち込まないでください。吃音を誰にも言えないことと考えて、ひとりで悩んでいては苦しいだけです。仲間を探して安心できると、次に向かうエネルギーが得られます。

これら四つについて理解し、吃音の人の生活を楽にする取り組みが大切です。本章では、吃音の子どもの生活を支えるという視点での支援の実例を、エピソードを交えながら解説します。

ことばの教室での実践〈堀彰人〉

◆子どもにとって「話す」ということ

「ことばの教室」などで子どもたちの表現に向かい合ってきて、いちばんに思うことは、子どもたちが自分の中に芽生えた思いを、ことばのかたちにして相手に伝えようとしていくプロセスを大切に受け取っていきたいということです。保護者の方と相談をすすめる時にも、そのような気持ちを共有しながらすすめていきたいと思い、子どもたちが「話す」時に、どれほどすごい作業に挑もうとしているのか、次のような説明をしています。

ほんの短い一往復のやりとりも、それが成立するためには、子どもたちの頭の中では、かなり複雑でさまざまな作業が円滑にすすめられることが必要なのです。たとえば、大好きなテレビ番組が間もなく終わりそうな時間に、「ごはんですよ」と声をかけられ、「まる子ちゃん、終わったら」と答えるという場面を考えてみましょう。

図4では、「ごはんですよ」の声だけが耳に届いているように見えますが、実際の生活の場面には、それだけではなく大小さまざまな音が存在し、絶えず鼓膜を震

わせているはずです。でも、言われてみて初めてほかの音に気がつくこともあります。私たちの脳は、まず、たくさんの音の中から必要な音だけを選択し、その音だけに注目し続けながら話を聞いています。

「ごはんですよ」というひと続きの音は、鼓膜から内耳を経て電気信号に置き換えられ、脳の中で内容の分析が始まります。でも、音はすぐに消えてなくなってしまいます。耳に届いた音の情報が消えないよう、一時的な記憶（図4では、「（見えない）黒板」）にとどめておくことができます。その短いあいだに、ひと続きの音を分析し、どの部分で意味が区切れるか、それぞれの意味は何かをことばの貯蔵庫にアクセスし、検索・照合をします。この時「見えない黒板」が速く消えたり、黒板が小さかったりすれば、こうした作業に失敗し、意味がわからずに終わってしまいます。耳に入ってくることばが長く複雑になるほど、この負担は大きくなります。

黒板から情報が消えないうちに無事作業が終わり、耳に届いたひと続きの音が「ごはん」「です」「よ」

（イラスト：浜本ひろし）　図4

という語の集まりだとわかっても、まだ理解は不十分です。なぜなら「(これは)ごはんである」と伝えたいのではなく、直接ことばにして表されてはいない「(ごはんを食べるから)早く食卓へいらっしゃい」という話し手の意図まで推測ができて、初めて理解ができたことになるからです。しかも、声の大きさ、高さなどから「怒っているらしい」といった話者の感情も含めて受け取ってもいます。うれしい時にも声は大きくなったり高くなったりすることがあります。表情が見えない場所から届いた声でも、微妙な声の質のちがいまで分析して、推測しているのです。

こうして、「ごはんですよ」に込められているはずの相手の思いが理解できたら、その場の状況を踏まえつつ、また、過去の経験も思い出しつつ、どのような判断を下すべきかを検討します。

たとえば、もうすぐ番組が終わりそうだから最後まで見よう(そうしても大丈夫ではないか……)と判断します。今度は、その判断結果を伝えるためにふさわしい語をことばの貯蔵庫から探し出します。この時も、判断結果や探し出してきた語が消えてしまわないよう、「見えない黒板」にとどめておきながら、その語順を決めたり、語の形を変化させたり(「終わる・たら」→「終わったら」)して、文を組み立てます。

いよいよ相手に伝えるための最終段階です。組み立て終えた文に含まれるひとつひとつの発音を作り出すための口の開き方、舌などの動かし方のプランを立てます。そして、プラン通りに口や舌などが動くよう指令を出します。口の中が見えるわけではありませんから、口の内部感覚のフィードバックを頼りに、舌の現在地などを把握しながら、目指す場所への方向、動かし方やそのタイミングを調整していき、「まる子ちゃん、終わったら」という返事が完了することになります。

　話し手のことばを受け取り、それに返すまでのごくわずかな時間に、これだけ多くの複雑な作業をおこない、しかもタイミングよく連携させることができて、初めて一往復のやりとりが実現しているのです。子どもたちが「話す」という行為に臨んでいるプロセスを、畏敬の念をもって見つめたい気持ちになるのではないでしょうか。

　子どもとの会話は、遊びながら交わされていることも少なくありません。上述の作業に加えて、遊びの中で膨らんだイメージを保ち、その先の展開を考えていることもあるでしょう。また、話すべき過去の経験を思い起こし、その中から次に話すべきエピソードを選

図5

んだり、その順番を考えたりしていることもあるでしょう。特に、おしゃべり歴の短い子どもたちにとって、これほどの大変な作業を、できる限り自分のペースですすめられるようにしたいものです。

イメージの世界を豊かに繰り広げながら、さらに、それをことばに表していこうとする子どもたちに対して、質問攻めにせず、相づちやうなずきを入れながら、子どものことばをそのまま「～なのね」と返し、「伝わっているよ」とフィードバックしていくことが、子どもの話しやすさやコミュニケーションの満足感を実現するためにできる大人の大切な役割なのです。

◆「通級による指導」と「ことばの教室」

ここからは、「ことばの教室」のことをご紹介していきます。

「ことばの教室」とは、発音しにくい音や吃音があるなど、話すことやことばをめぐって何らかの困難さを感じている子どもが、一人ひとりに合った指導や相談を個別に受けることのできる教室です。通常は、たとえば「水曜日の五時間目」のように時間を決めて（週一～二時間の場合が多い）、学校の自分のクラスから特定の時間だけ通っています。こうした仕組みを「通級による指導」とよんでおり、「ことばの教室」は、この「通級による指導」をおこなう「通級指導教室」のひとつです。多くは小学校に設置されていますが、すべての小学校に設置されているわけではありません。また、中学校に設置されている地域もありますが、小学校に比べて少ない現状があります（なお、二〇一八年度から高校でも「通級による指導」が始まっていますが、言語の指導を受けている生徒は今のところごくわずかです）。

在籍する学校にこうした教室が設置されていない場合、近隣の学校に設置されている「ことばの教室」で指導を受けることができます。地域によっては、「ことばの教室」の先生が、指導を必要としている子どもの在籍している学校に出向いて指導をしてくれる場合もあります。お住まいの地区の状況は、居住する市町村の教育委員会に訊くと教えてもらえます。

◆「ことばの教室」だからできること

ここからは、「ことばの教室」での指導の一端を紹介していきます。具体的な事例が出てきますが、実際のようすを損なわない程度に、いくつかの例を合わせたかたちで紹介しています。

初めて「ことばの教室」に来る子どもたちにとって、そこはどんな場所に見えるでしょう。どんな場所だと感じてもらえるとよいでしょう。私は子どもたちと初めて出会う時、「ことばの教室」に来てくれたことを歓迎しながら、「今日は、どうして来てくれたのかな」と来室の理由を尋ねていました。「あ、あ、ってなっちゃうから」などと答える子もいれば、「わからない」と答える子もいます。

前者の場合は、「あ、あ、ってなっちゃうんだね。どういう時に、そうなるのかな?」「その時にどんな感じがするのかな?」等と、さらに尋ねてみます。低学年でも、「電話で話す時」や「教室で教科書を読む時」など、自分のどもりやすい場面をあげてくれたり、「喉のところがぎゅっとなって、つっかかって動かなくなる」などのように、自分の感じ方を具体的に説明してくれたりすることも少なくありません。こうした内容も、フランクに話せる関係になりたいと思っています。

後者の場合は、無理に吃音について聞くことはせず、まずは「ことばの教室」がどのような場所かを紹介します。「夕」を発音しようとしても「カ」になってしまう子や、お話しようとすると「あ、あ、ありがとう……」のようになって、「どうしよう……」と思っている子たちが来ており、そうした子どもたちと、「夕」の言い方を一緒に研究したり、「どうしよう……」と困っていることを考える作戦会議をしていること、また、オセロをしたり、野球をしたりして遊ぶこともあることなどを紹介します。

教室の壁面には、通っている子どもたちからのメッセージが貼ってあるので、それを一緒に見ていると、「あ、同じ」と、そっと教えてくれる子もいます。いろいろな気持ちを安心して話せるようになった時に、また、ことばのことを話してみることにしよう……という場合もあります。

まずは、どの子にとっても「ことばの教室」が居心地のよい場所と感じてもらえるように、そして、気兼ねなく何でも話して大丈夫みたいだと感じてもらえるようにと願っています。

◆個別の関わりの中で

(1) あかねさんの音読

小学校一年生のあかねさん(仮名)は、教室での本読みが少し苦手だと教えてくれました。「少しだけ、読んでもらってもいいかな」と尋ねると了解してくれたので、短い詩を選んで読んでもらいました。決して多くどもるわけではありませんでしたが、読んでいるようすがなんだかとても窮屈そうに見えました。感情を込めて上手に読む友だちの読み方を、一生懸命なぞろうとしているようでした。ひと通り読み終えると、ふ~っと息を吐きながら、肩がすっと下がりました。力が入ってしまっていたのでしょう。読んでくれたことにお礼を言いながら、「頑張って読んでくれたんだよね」と言うと、あかねさんは小さくうなずきました。

「僕も読んでみようかな。どれにしようかな……」と、別の短い詩を探します。

擬音のたくさん入った詩を選びました。「どっっぽ〜ん！！！」などと少し誇張して音読すると、あかねさんは笑いながら聞いています。ひと通り読み終えたあと、「どうだった?」と訊くと、すかさず「面白かった」と答えが返ってきます。「あかねさんも読んでみる?」と訊くと、「読んでみる」と応じてくれました。「あかねのどぼーんは、どんなどぼーんかな？」と声をかけると、あかねさんはすぐに読み始めました。さっきと声がちがう気がします。控え目ではありましたが、心なしか声がやわらかく感じます。今度は、さほど肩に力が入っているようには見えません。読み終わった時に「どうだったかな?」と訊くと、少し間をおいて「気持ちよかった」という答えが返ってきました。

次の日は、ゾウの詩を用意しておきました。「とってもとっても小さい赤ちゃんゾウ」「お腹がペコペコのゾウ」「怒りん坊のゾウ」「四〇〇歳の魔女のゾウ」などいろいろなゾウを考え合って、一緒に読んだり、交互に読んだりしてみます。次は、お互いにどんなゾウを考えたか内緒にします。そのゾウになって読み、どんなゾウか当てっこして楽しみました。あかねさんの声は、最初の時より明るく聞こえます。

あかねさんにとって最初の音読は、「まちがってはいけないもの」「上手にきちんと読めなくてはならないもの」だったのかもしれません。だから、詩の描く世界とは気持ちが離れ、目に入ってくる文字をいかに正しく音に置き換えるかの努力を要するものになっていたのでしょう。その後の音読は、「自分の感じた通りを声に出せばよいもの」になり、自分のイメージの通りに表現する〝気持ちのよい〟体験に少しずつ変わっていったのかもしれません。

(2) 日常を話すこと

教員向けのある研修会で、かつてことばの教室に通っていた大学生が、当時の体験を振り返って話してくれました。「(ことばの教室で) どもっている自分と楽しそうに先生が話してくれること、好きな話をずっと聞いてくれること」が本当にうれしく、その時間は、「吃音を持つ自分のことが好きになれる時間」だったのだそうです。子どもたちとの日常会話も、とても大切な時間になりうるのです。

子どもたちがことばの教室に通ってくる頻度は週一回程度の場合がほとんどです。その日は一週間ぶりの出会いになるので、お互いに、その間の出来事などを報告し合います。決して、話し方の練習の時間ではありません。お互いの一週間に思いをはせながら楽しく語り合い、聞き合う時間です。

でも、話題に上るのは楽しかったことばかりではありません。時には、ちょっと残念に思ったこと、悔しかったこと、困ったことなども出てくるようになります。ちょっとネガティブな感情も安心して表現できる時間にしたいと思っています。また、たとえば宿題対策のこと、友だちとの間に生じたことなどについて、「それ、どうしようか?」と一緒に考えることもあります。その場で、「いいアイデアかも!」と解決する時もあれば、考えたその方法で次の週まで試してみて、翌週、「どうだった?」と確認し合うこともあります。

(3) 通常の学級との連携——日常の関係への橋渡しの例

こうした話題の中には、「担任の先生や友だちにも一緒に考えてもらおうか」という性質のものもあります。その場合は、それをどう伝えればよいかも相談します。教員間の話として私が担任に伝えるのか、あるいは子ども自身が担任の先生に話してみるのか、場合によっては、私がある程度の内容を担任の先生の耳に入れておき、それを踏まえて担任の先生が声をかけてくれたら「話せそう」という場合もあります。どのように話すかも具体的に相談したり、伝え方の練習をしたりすることもあります。子どもと担任の先生などとのコミュニケーションの垣根を低くする橋渡し、そして生活の場の身近な相手と一緒に考えながら、相談しながら進んでいくよさを経験する橋渡しにもできたらと思います。

こうした関係をベースに、吃音や、自らの吃音をめぐって感じていることをクラスの友だちに伝えようという取り組みが、たとえば吃音理解の授業というかたち、また、クラス全体への手紙というかたち、あるいは総合的な学習の時間に（自分の）吃音をテーマにした研究発表というかたちなどに結びついていくこともあります。

だからこそ、ことばの教室では、その時々に取り組んでいるさまざまな場面で、「楽しい！」「気が進まないな……」「なんかモヤモヤしてる……」「どうしよう……」「焦ってしまうな……」など、いろいろな気持ちを気兼ねなく表現できる関係、そして、その都度一緒に考えながら、確かめ合いながら、進んでいく関係を大事にしたいのです。ネガティブな感情も安心して表現でき、そうした感情をひとりでかかえ、自分の中にしまい込んでしまわずに、その時を一緒に過ごそうとしていくこと、相談しながら考えていくことを大切にします。

こうすけ君（仮名）は、小学三年生になってから「ことばの教室」に通い始めました。こうすけ君も音読が苦手とのことでしたが、相談の結果、「ことばの教室」で三年生の教科書を読んでみながら対策を考えることになりました。

音読してもらったあとには、「どうだった？」と振り返ります。最初は「ここと、ここと、ここと、ここでつかえちゃった」と、どもった場所や回数を報告してくれましたが、読んでいる時や、その前後の気持ちなどを聞くようにしていきます。彼は、一回どもると焦ってしまい、それが重なっていってしまうこと、読む時になると「超緊張」してくること、「超緊張」してくるにつれてなぜか早口になってしまい、よけいうまく読めなくなってしまう気がすることなどを教えてくれました。

「〝超緊張〟がどのくらいになるといいかな」と尋ねると、「〝超〟がなくなるといい。〝ちょっと〟だともっといい」とのことでした。そこで、「超緊張」作戦を考えようということになりました。こうすけ君は、「読む前に深呼吸する」「一度つかえると、そこから焦ってしまうので、最初から三回はつかえてもよいことにする」「最後に早くならないように、印をつけたところからギアを一段落としてみる」など、いろいろな案を考えてくれました。深呼吸をすればつかえなくなる、といった「どもらなくなる方法」を見つけようとしているのではありません。読んでいる最中の自分を見つめること、それを自分のことばにしていくことを大切にします。私からも、最初はややゆっくり読むことから始め、ペースが乱れそうになったらそっと声を添えて一緒に読むこと、その援助は少しずつ減らしていくことを提案し、取り組みを始めました。

「今、焦り度は一〇のうち七くらいだった。だから〝超〟じゃなくて〝やや超〟だった」「終わりのほうで少し速くなった」など、振り返りを重ねるうちに「今、初めて四になった！」「大丈夫だった。〝ちょっと〟だったかも！」と変わってきました。

いつもは机をはさんで向かい合って彼の音読を聞いていましたが、「この辺で聞いてみようかな」と、クラスで担任の先生が立っているだろうという位置までぐっと下がってみると、「え〜!?」と困ったような声が上がりました。「これくらいなら、

郵便はがき

料金受取人払郵便

本郷局承認

6255

差出有効期間
2025年８月31日
まで

（切手を貼らずに
お出しください）

113-8790

473

（受取人）

東京都文京区本郷2-27-16 2F

大月書店　行

注文書

裏面に住所・氏名・電話番号を記入の上、このハガキを小社刊行物の注文に利用ください。指定の書店にすぐにお送りします。指定がない場合はブックサービスで直送いたします。その場合は書籍代税込2500円未満は800円、税込2500円以上は300円の送料を書籍代とともに宅配時にお支払いください。

書　名	ご注文冊数
	冊
	冊
	冊
	冊
	冊

指定書店名 （地名・支店名などもご記入下さい）	

ご購読ありがとうございました。今後の出版企画の参考にさせていただきますので、下記アンケートへのご協力をお願いします。

▼※下の欄の太線で囲まれた部分は必ずご記入くださるようお願いします。

●購入された本のタイトル		
お名前《フリガナ》		年齢 歳
電話番号（　　　）　—	ご職業	
ご住所 〒		

●どちらで購入されましたか。

市町 村区　　　書 店

●ご購入になられたきっかけ、この本をお読みになった感想、また大月書店の出版物に対するご意見・ご要望などをお聞かせください。

●どのようなジャンルやテーマに興味をお持ちですか。

●よくお読みになる雑誌・新聞などをお教えください。

●今後、ご希望の方には、小社の図書目録および随時に新刊案内をお送りします。ご希望の方は、下の□に✓をご記入ください。

□ 大月書店からの出版案内を受け取ることを希望します。

●メールマガジン配信希望の方は、大月書店ホームページよりご登録ください。（登録・配信は無料です）

いただいたご感想は、お名前・ご住所をのぞいて一部紹介させていただく場合があります。他の目的で使用することはございません。このハガキは当社が責任を持って廃棄いたします。ご協力ありがとうございました。

いいかな?」と、少しだけ距離を戻します。「それなら、やってみる」と、音読が始まります。読み終えると、「大丈夫だった〜」と、ほっとしたような顔を見せてくれました。次の回は、「今日は、担任の村田先生も聞いていてくれます!」と、教室にあったホワイトボードに、私が下手くそな似顔絵を描いてみます。また、「え〜⁉」という声が上がりかけましたが、「でも、絵が全然似てないから大丈夫」と言って読んでくれました。

こんなやりとりがあったことを担任の村田先生にお話ししたところ、「私も聞きに行っていいですか?」とおっしゃいました。次の週、「今日は本物の村田先生が聞いてくれるそうです」と伝えると、「嘘だ〜、絶対」と余裕の表情を見せていましたが、本当に村田先生が入ってこられて、「え⁉」とさすがに驚いた表情です。「超緊張作戦も、ずいぶん進んできたんだよね」などと、これまでのことを村田先生も交えて振り返ったあと、彼は「うわー、超緊張が帰ってきた」と、どことなく落ち着かないようすです。それでも読むことを選択してくれました。そして、読み終わると「読む前は超焦ったけど、速くならないで読めたかな……」と言いながら、村田先生も交えてまた三人で和やかに振り返りました。その数日後、クラスで教科書を読んだ日に、事前に村田先生が声をかけてくれたことや、読み終わった瞬間に、先生と目と目でお話もできたのだと、こうすけ君が教えてくれました。

（4）吃音についても話す

子どもたちは、吃音をどのようなものと感じているのでしょう。いつでもどもるわけではなく、また、すべてのことばでどもるわけでもないのに、それを自分でコントロールすることができず、得体のしれない何かに動かされているような感覚の子もいるかもしれません。いろいろな機会をとらえ、いろいろなかたちで吃音をめぐる体験についても話題にしながら、吃音に関する一般的な情報を得ていったり、似た体験をもつ方々の手記などに触れて考えてみたりして、表現することについて、そして吃音のある自分自身のコミュニケーションや生活について考えを深めていきます。

あることばの教室では、吃音をゲームなどに出てくるようなオリジナルのキャラクターに見立てて、絵に描いてみたり、どのような特徴があるのかを説明してみたりしています。そのキャラクターがどう自分に働きかけてくるのかなどを自分のことばにしてみることで、吃音を自分から取り出し、少し距離を置いて眺める機会になります。ことばにして説明しようとすることで、表現する際の自分を見つめなおすことにもなり、また、どもることを、自分の中のあくまでも一部分として位置づけなおす時間にもなっていきます。

このように、吃音をめぐる話題だけを話すのではなく、日常のさまざまな体験の中で動いた気持ちを話題にしていくなかで、吃音のこと〝も〟話して大丈夫だ、と感じる子どもたちもいると思います。

◆横のつながり――「自分ひとりではなかった」

一〇〇人に一人はいるとされる吃音ですが、「自分だけがこういう話し方になるのだと思っていた」と感じている子どもも少なくありません。そこで、吃音のある子どもたちに集まってもらいグループ指導をおこなうこともあります。最近の調査では、約二七％の教室で吃音のグループ指導がおこなわれており、二〜三人の子どもが集まっていることが多いとされています。初めて出会った時は、ゲームなどをしながらお互いに打ち解けていき、気兼ねなく楽しく時間を過ごしていきます。共感し合える仲間がいることで心強く感じることもありますし、お互いに日常の困りごとや、やり過ごし方について情報交換したりすることもあります。友だちの体験などを聞いて、吃音のことや自分のことを見つめる機会にもなっていきます。

時折、個別指導の時間に話題になったことを共有してみます。たとえば縦割り活動の時間に、下級生に「どうして、そういう話し方になるの？」と訊かれて、どう答えていいか迷ってしまったというエピソードに対して、「『わからないけど、自然にこうなっちゃう。一生懸命話しているんだよ』と答えたら、それ以上何も言わず、あとは普通に遊んだ」と教えてくれる子、「低学年（の子）からはないけど、クラスの友だちだと、ちょっとちがう。とりあえず、癖だから……って言ったけど」など、お互いに「ある、ある」と体験を共有しながら、いろいろな友だちのいろいろな切り抜け方を聞き、考えていきます。

一度、顔を合わせて仲良くなると、直接会わなくとも、ことばの教室の掲示板、手紙、ビデオレターなどを通じてお互いに情報交換をすることもあります。

最近は、子どもたちがタブレットなどを使いこなします。ことばの教室に来ているほかの友だちに向けて、ユーチューバーのように自分の好きなことについて説明する動画を作ってみることもできます。いかにその面白さを伝えるか、聞き手にわかりやすく伝えられるかを相談しながら作ります。実物を見せたり、取り組んでいるようすの写真を取り込んで示したり、時には実演しながら説明するなど、さまざまな表現のかたちを採り入れて伝える工夫を考えます。こうしてできあがった動画を友だちに見てもらいます。視聴した友だちから感想や意見を返してもらい、それに応えて改訂版や続編を考えてみます。バージョンアップをしていく過程で、表現を楽しみながらプレゼンのスキルを磨くことにもつながります。時には言いにくいところなどについて相談をすることもあります。

ワクワクするような伝えたい何かがあり、一生懸命聞いてくれる相手、どうしても伝えたい相手がいて、その関係に支えられて表現をしていきます。

　ある市では、各校の「ことばの教室」ごとに吃音のある子どものグループが集まり、その教室どうしをオンラインでつないで、市内全体の吃音グループ交流会を開いています。それぞれの教室のグループで、自分たちの教室の紹介をし合ったり、教室対抗のクイズ大会を企画して競い合ったりして、楽しい時間を過ごしています。回を重ねるうちに、画面に入らなかった子どもが入れるようになったり、会の進行に必要な役割に挑戦したりと、一人ひとりにも変化がみられるようです。子どもたちは自然に仲間の話を最後まで聴こうとし、あまり発言をしない子どもにも、負担にならない程度に意見を確認しようとしたりします。グループとしても成長しているようすがうかがえます。

　また、それぞれの「ことばの教室」で、吃音をめぐるエピソードをもとにしたカルタの読み札を作ったり、俳句にして表現したりしていたのですが、それを市内のネットワーク上の共有フォルダに集めて、ほかの教室に通っている友だちの作品を見ることができるようにしました。子どもたちは、時折そのフォルダを開いて、ほかの学校の仲間が作った読み札を見つけ、自身の体験と重ねたり、まだ作成されていない音の読み札を新たに考えたりしているそうです。

◆縦のつながり――「あんなふうになれたらいいな」

こうした集まりを続けていると、その集まりのOB、OGが応援に来てくれることもあります。また、その地域の吃音者のセルフヘルプグループと連携して、こうしたつながりを継続しているところもあります。一緒に楽しく過ごした先輩の中に、大好きなお兄さんやお姉さんができます。「自分はこれから、どうなっていくのだろう」という不安を持っていた子どもたちにとって、「あんなふうになれたらいいな」という見通し、ロールモデルと出会える機会にもなっていきます。

同じ年代の「横のつながり」や、自分の将来を重ねられる「縦のつながり」の中で、今の自分への信頼が深まります。

〈コラム〉セルフヘルプグループ

セルフヘルプグループとは、共通の課題や悩みのある方たちが、お互いの経験を分かち合い、その解決に向けてともに進んでいこうとする集まりで、自助グループ、当事者組織などとよばれることもあります。

吃音に関しては、「言友会《げんゆうかい》」や「日本吃音臨床研究会」が長く活動を続けています。言友会は一九六六年に杉並区で始まり、その後、多くの都道府県で立ち上げられており、今なお広がり続けています。一九六八年には、「全国言友会連絡協議会」が、こうした組織を〝緩やかに束ねる〟目的で設立されました。それぞれの体験を分かち合い、「吃音があっても豊かに生きる」ことに向けた交流の場として活動しています。二〇〇六年にはＮＰＯ法人となりました。就労等をめぐる合理的配慮などに向けた社会啓発活動も組織的にすすめられています。

「日本吃音臨床研究会」は、一九九四年に発足して以来、吃音のある人（や子ども）、保護者、ことばの教室の教員や病院等の言語聴覚士、吃音の研究者、さらにはコミュニケーションや人間関係に関心のある人々などが幅広く参加し「吃音と上手につきあう」ことを目指して、さまざまな活動をしています。

近年は、主とする参加対象者や年齢層、活動の趣旨やその内容などに特色をもつ団体が新たに立ち上げられ、それぞれが個性的な活動を展開するようにもなってきています。また、なかなか出会う機会の少ない中学生、高校生など思春期の子どもたちどうし、あるいは小学生から高校生までの子どもたちやその保護者が交流する場も少しずつ増えてきています。

活動に参加するようになったある方は、地域の記事でその活動を知ってから初めて参加するまでにずいぶんと迷ったそうです。それまでは、なるべく吃音に気づかれないように気をつかってきたその方にとって、会場のドアを開けて入っていくことは、それまでと正反対のことをすることになります。何度か近くまで行っては引き返した経験もあるそうです。

ある時、意を決しドアを開いてみると、目に飛び込んできたのは、参加者がどもりながら楽しそうに話しているようすでした。これまでの吃音に対するイメージとは方向の異なる状況だったかもしれません。自分だけだと思っていた体験をわかってくれる人との出会い、共感し合える仲間との出会いがあります。そこで必ずしも話すことを要求されるわけではありません。その人のその時の参加の仕方が尊重されます。どもることに対して理解のある環境の中で、自分が今かかえている困りごとを相談して共感し合ったり、ある月の例会を任され進行したりします。吃音を広く知ってもらうイベントを開催することもあります。会員外の方々にも参加をよびかけ、そこで自身の体験談を発表するなど、さらに表現の場を広げていきます。こうした会のない地域で開催することで、その地域の活動の芽を育てる場合もあります。

こうした活動を通して、表現する経験の幅を広げたり、共感の得られるつながりができたりします。特定の場面の困りごとの解決にヒントを得られることもあるでしょう。それぞれの会には多様な方が参加していますが、その中で生き方のモデル（ロールモデル）となる人に出会えることで、自らの生活が豊かになることも大きなメリットといえるでしょう。

セルフヘルプグループは、当事者といわれる方々が主体の活動ですが、言友会など吃音のセルフヘルプグループは、言語聴覚士やことばの教室の教師が参加し協力していることもひとつの特徴です。

◆学級・学校の風土に関わる

吃音のある子どもたちが、クラスの中で安心して表現できるようになっていくうえで、クラスの雰囲気や風土がとても大事になります。先に紹介したこうすけ君と村田先生のクラスでは、次のようなことがあったそうです。

担任の村田先生が、学級の子どもたち全体に「困っていることで友だちに相談したいことがある人はいませんか？」と投げかけたそうです。こうすけ君は、少し迷ったけれど、「一か八か」で手を挙げ、友だちや村田先生に、「僕、話そうとするとつかえちゃって困る時がある」と発表したそうです。友だちからは口々に「大丈夫だよ、最後まで待ってるから」「慌てないで話してくれればいいよ」……そんな答えが返ってきたそうです。

自分が困っていることを、みんなの前で話せたこうすけ君、それを自然に温かく受け止めてくれる（くれていた）クラスの子どもたちに頭の下がる思いがします。そして、こんな心の通い合いの場を用意してくださった村田先生にも。

また、こんなこともあったそうです。授業中の音読でこうすけ君の順番になりました。読み始めたら、途中で次のことばが出てこなくなってしまいました。「どうしよう……」と焦っていた時、近くの友だちが「一緒に読もうか？」とそっと声をかけてくれたそうです。そして、二、三名の友だちが少し小さめの声で一緒に読んでくれたのだそうです。「一緒に読んでくれてセーフ！って思ったよ」とこうすけ君はうれしそうでした。

吃音の生じにくい条件のひとつに、「声を合わせて読む」ということが含まれています。そのため、学級での配慮事項のひとつとして、音読時にこの方法を勧めている場合もあります（第1章二九ページ参照）。しかし、こうすけ君の学級の友だちの行動は、こうすけ君が「どもらずに音読ができる」ために考えたことではなく、シンプルに「友だちがひとりで困っていたので、一緒に取り組もう」という発想からだったのではないでしょうか。こうすけ君にとって孤軍奮闘する時間が続かないよう、その時間を一緒に過ごし、一緒に切り抜けようとしてくれたことが、こうすけ君の気持ちを後押しし、そのつながりが何よりうれしかったのだと思います。

声を合わせて一緒に読むという方法が、こうすけ君と相談の結果選択されたのではなく、ただ、吃音のある子どもだから「音読時は、複数で声を合わせる」ことになっていたとしたら、吃音を「見えない」状態にしたに過ぎなかったのかもしれません。そして、吃音は見えないようにすることがよいのだというメッセージに置き換わって、こうすけ君にも周囲の子どもにも伝わるかもしれません。それは、かつて吃音は「気にしないほうがよい」とされ（五六〜五七ページ参照）、保護者も吃音について話題にすることがなかったために、子どもは相談したくてもできなかったということと重なるようにも感じます。

こうすけ君のようなクラスでのエピソードは、担任の先生や子どもたちの了解を得て、「ことばの教室だより」（校内の教職員、通級する子どもの家庭、他校から通級する子どもの担任や管理職に配布していました）で紹介するようにしていました。クラス等での子どもたちの揺れる気持ち、子どもたちがほっとした関わりのエピソードを通じて、目の前の子どもたちと関わる際の選択肢が増えるといいなと思ってきました。そして、こうした関わりが生まれる教室が増えてほしいとも思います。

こうすけ君は迷いつつも、「一か八か」で意を決し自ら手を挙げ、思いを伝えることができました。おそらく、同じような場面があったとしても、迷った末に思いを飲み込んでしまう子どももいるでしょう。こうすけ君が迷いながらも伝える選択ができたのは、「困っていること」を周囲が受け止めてくれるだろうという信頼が根底にあったからなのだと思います。その信頼は、それまでのこうすけ君と友だちとの関係、日頃から目にしてきたクラスの子どもどうしの雰囲気、教室の風土によるところが大きかったのではないかと思います。

吃音に限らず、話すことに不安を感じている子どもがクラスにいるはずです。話すことに限らず、自己を表現することに対して苦手さを感じている子もいるはずです。また、こうした子ども個々の特定の傾向だけではなく、誰にも、その時々の自分を見せることにためらいを感じる時があるはずです。失敗したら（あるいは、失敗したらどうしよう）と感じる時、うまくいかないことがある時、「（今、取り組んでいる勉強などが）わからないな……」と感じている時など、何らかの思うようにいかない自分を感じ、その思いを自身の中にしまい込み、周囲に悟られまいとしている時があることでしょう。子どもたちにとって、その時間が周囲から孤立する時間のままにならず、そうした自己を表明しても大丈夫だと感じられるような教室の風土ができるといいなと思います。

吃音そのものへのアプローチというより、子どもたちが安心して過ごしたり学んだりできること、クラスが居場所となり続けること。それは、日頃から通常の学級担任の先生方が大切にされている専門性のひとつでもあるはずです。

そして、子どもが日常を過ごす学校という場で仕事をする「ことばの教室」の担当者にとって、こうした側面での連携をすすめていくことが子どもたちにとって非常に重要であり、ことばの教室の担当者だからこそできる専門性でもあるのです。

今、学校教育では、異なる背景や意見をもつ他者と協働し、お互いにとってよりよい方向性を探っていく力を育てることが求められています。話し合ったり協働したりする場面で、自分とは異なるさまざまな感じ方、考え方や意見が示され、他者と出会うことで、お互いの思いやその背景に想像力を働かせ、それぞれの納得を求めて考えたり、歩み寄ろうとしたりする力が育っていきます。意見の強い一部の子どもだけがリードし、その声に合わせた同質の声だけが出てくる状況では、こうした力は育ちません。

友だちと異なる意見、ふと疑問に思ったこと、わからないと感じたことなどを飲み込んでしまうことなく、「ちょっと待って」「どういうこと?」「わからないよ……」と誰もが声に出し合える教室の風土を育てることが必要です。「自分の考えは(みんなと)合っているのだろうか」と躊躇《ちゅうちょ》せず、異なる考えや形でも安心して表現できる教室、たとえ失敗しても安心な教室の風土を築いていくことが必要なのです。

こうした風土が教室に育っていくように、通常の学級の先生をはじめ、さまざまな人とさまざまな意見を交流させながら一緒に考えていくことが、これからのことばの教室の担当者にとって、きっと大事な役割になるのです。

グループでの支援（廣嶌忍）

◆吃音があるのは世界で自分ひとりだけ

吃音ということばを知っている人は増えました。インターネットを検索すると、吃音の人が話す動画やメッセージも簡単に手に入れることができるようになりました。最近は、求めれば自分以外の吃音の人にたどりつきやすくなったのは事実です。大学生くらいになるとネットを調べて自分で連絡してみたりするかもしれませんが、高校生くらいまではやはり、自分のまわりには吃音の人はいないし、吃音のことを誰かに話しても、「ゆっくり話してみたらどうか」などと言われるだけで、思いをわかってもらえない、ひとりぼっちだと感じている子は多いものです。

吃音で悩んだ経験のない人には思いもよらないことかもしれませんが、この「ひとりぼっち」の思いは、吃音のつらさの大きな部分を占めています。そんなひとりぼっちのつらさを救うことができる方法のひとつが、同じ吃音の人たちが集まるグループ支援です。大人の吃音の人のセルフヘルプグループは世界中で活発な活動がありますが、ここでは子どもたちのグループ支援についてお話しします。

大人とちがって子どもたちは自主的に集まって来ないので、大人が子どもを集める必要があります。どこにでもあるわけではありませんが、吃音の仲間に出会う大切さに気づいている大人たちが、吃音の子どもたちのためのグループ支援をおこなっています。広島県にある「きつおん親子カフェ」や、言友会（↓九一ページ）の方々が地域で実施されているものもあります。以下では、小学校のことばの教室の先生たちの取り組みを例にしながら、グループ支援の意義をお話しします。

ここで例としてご紹介するのは、岐阜市立明郷小学校のことばの教室の「吃音の会」です。吃音の会は二〇年以上にわたって続けられている、吃音のある小学生のためのグループ支援です。

吃音の子どもたちのグループ支援の主な目的は、子どもたちが①吃音の仲間に出会うこと②吃音のことを知ること③話す経験をすること④将来の見通しをもつことだと考えられます。それに加え、一緒に参加する保護者の支援も大切な目的です。以下それぞれについて説明します。

◆吃音の仲間に出会うこと

この本の中でくりかえし言っていますが、吃音がつらいのは、自分だけが吃音だという孤独な思いです。筆者もグループ支援をおこなって経験してきましたが、グループに参加した子どもたちは「ほかに吃音の子がいて安心した」と言ってくれます。

保護者の中には、自分の子どもがほかの子どもの吃音を見てショックを受けるのではないかと心配する人もよくいます。心配はわかりますが、子どもたちは「自分とちがう吃音だけれど」と、ちゃんとわかったうえで、「感じていることは一緒」と大きな安堵感を得ています。安心したところで、なめらかに話せるようにはならないと思われるかも知れません。しかし、それもちがいます。「吃音が出たらどうしよう」と不安をつのらせることが、ことばの症状をもがきのあるものに変化させるので、この不安が取り除かれれば、おのずと吃音の症状は本人にとって楽になることが多いのです。

◆吃音のことを知ること

吃音はまねをするとうつるのか、外国にも吃音の人はいるのかなど、吃音のことを知るのは大事なことです。岐阜市立明郷小学校の吃音の会では、子どもたちはクイズなどで楽しく吃音のことを学んでいます。たとえば、「歌で吃音は出るか」など、自分はどもらずに歌えることを子どもたちはわかっていますが、これが自分だけでなくみんなも一緒だとわかると驚く子もいます。「自分は歌だと声が出るので気持ちよくてたくさん歌う」という意見を言う子がいたりすると、「ぼくもだー」と子どもたちの表情はほころびます。

吃音の学習では、吃音の個人差も学ぶ必要があります。あまり同じ特徴ばかりを強調すると、その特徴に自分の吃音が当てはまらない子は、吃音の仲間の中でも疎外感を感じてしまいます。たとえば音読は、苦手な子が多いですが得意な子もいます。いろいろな例を通して、ひとはそれぞれでいいことを、吃音の子どもたち自身も知ることが大切です。

◆話す経験をすること

仲間に会えることの次に大切なことだと筆者が考えているのは、同じ吃音の仲間の中で話せることです。吃音に関することやそうでないことなど、意見を出し合う話し合いから、何かの発表、苦手な自己紹介もあるでしょう。無理やりではいけませんが、吃音の仲間の中で話すことは、吃音を隠す必要がないという経験になります。吃音でもいいと言われても、自分だけ吃音だとしたら、やはり尻込みするのは当然です。しかし、みんなが吃音で、しかも吃音を隠さなくていいと思うと、好きなことが好きなように言えます。どんなに吃音が出ようとも、誰も「落ち着いて話してみたら」などと言わずに最後まで聞いてくれます。待たせて悪いとも思わなくていいのです。話すことに対して、こんなにも楽で、達成感を感じられる場所はないでしょう。

同じ仲間のグループという特別な環境ではありますが、そこで得た自信は、次の少し苦手な環境で話すために必須なものです。心配したら失敗する、失敗したら心配するという悪循環を断ち切り、できると思ってやってみたらできた、できたことで次もできると思える、という好循環をつくりださなくてはいけません。この好循環には、吃音をさらけ出せる場で話す経験が効果的なのです。

話す時に大切なことは、なめらかさだけではありません。知っていることばをうまく組み合わせて考えや思いを相手に伝える言語能力は、話すことからも養われます。吃音の子どもたちには、たくさん話して豊かな言語能力を身につけてほしいと思います。

◆将来の見通しをもつこと

「どもっていたら将来仕事に就けないのではないか」と不安に思っている保護者や子どもは多いものです。米国のバイデン大統領も吃音だと伝えると、子どもたちはびっくりします。でも、バイデン大統領は遠い存在すぎて、「自分も大丈夫だ」とは思えないかもしれません。明郷小学校の吃音の会では、吃音の大人を会に招待する時間があります。吃音のある大人に、子どもたちの前で子どもの頃の思いや苦労したことなど、さまざまなことを語ってもらいます。成功ばかりではなく、失敗した話も出てくるでしょう。今でも吃音で困ることがあると聞けば、大人になったらきっと楽になるだろうと思っている子はちょっとがっかりするかもしれません。しかし、吃音があっても、それを問題にせずに仕事に就いている人の生の姿を目の前で見ることは、吃音の子にも保護者にも、吃音があっても大丈夫だと思えるかけがえのない経験になります。

◆保護者を支援すること

子どもたちのグループ支援は、保護者が集まる機会にもなります。子どもたちの活動と並行して、保護者の話し合い活動などがおこなわれることが多いようです。同じような気持ちでいるほかの保護者に出会うことで、保護者も自分だけではないという安心感を得ます。安心するだけでなく、吃音についての知識を得たり、具体的に困っていることについての情報交換をしたりもできます。

保護者向けの講演会や勉強会などが頻繁にあるわけではないため、こうした活動は貴重な情報源です。そして何よりも、自分の子どもがグループで生き生きと話す姿を見ることは、保護者にとって大きな力になります。子どもが自分は大丈夫だと思えるためには、まずは保護者が吃音を受容できなくてはなりません。それには支援や情報が必要で、自然にできるものではないことを支援者は理解しておかなければいけません。

◆グループ支援が目指すもの

第2章でふれましたが、合理的配慮のもとでは、自分には吃音があることを申し出れば、配慮してもらえるようになりました。ただ、配慮してほしいと申し出ることは、迷惑をかけるとか、できない自分が不甲斐ないなどと思うと、簡単にはできません。しかし「自分は吃音です」と言うのは、吃音の苦しみから解放される、本当に大事なひとことなのです。そのひとことが勇気を出して言えるようになる手段のひとつが、吃音は自分だけではないという思いをもつことで、これこそグループ支援が目指すものにほかなりません。

個別での支援

（廣嶌忍）

ことばの教室での支援も個別でおこなわれていることが一般的ですが、ここではことばの教室ではない場所での支援例をお話しします。

吃音は完全に消すことができないことから、人との関わりの中で、吃音のある自分を肯定できる経験がとても重要です。これからご紹介する例は、ことばの症状の対応をしながら、吃音のある子が少しずつ吃音を肯定できるようになった例です。ことばだけへの対応の限界にもふれたいと思います。なお、ここでの例は、筆者が経験した複数の例を、事実を損なわないように組み合わせたものです。

◆小学四年生のさやかさん

さやかさん（仮名）はブロックのタイプの吃音が特徴の小学四年生でした。とても真面目な性格で、出された音読の宿題はどうしてもやらなければいけないと思っていました。しかし、吃音のために時間がかかることがつらくてたまりませんでした。音読の宿題をやっていて泣き出してしまう姿を見兼ねたお母さんから、ことばの教室の先生に相談がありました。さやかさんは小学二年の時からことばの教室に通っていて、担当の先生もお母さんも、吃音があってもいいという思いで、さやかさんを支えてきました。しかし、さやかさんは、みんなと同じように話せるようになりたいという思いがとても強い時期でした。

ことばの教室の先生の紹介で、私はさやかさんに会いました。そして、みんなで相談した結果、「なめらかにどもる」スピーチセラピー（第2章参照）をやってみることになりました。さやかさんの吃音がブロックのタイプの吃音だったため、少し症状を軽減することができれば、さやかさんは話すのが楽になるだろうと考えたからでした。

◆なめらかにどもる練習と吃音の再発

さやかさんのスピーチセラピーは週に一回程度でした。下校のあとスピーチセラピーに通うのは、さやかさんにもお母さんにも努力が必要でしたが、なんとかしたいという思いで、さやかさんは頑張って通ってきました。随意吃（第2章参照）を利用しながら、ブロックをくりかえしの吃音に移行する練習がうまくいって、半年くらいあとには、さやかさんはかなり流暢に音読ができるようになりました。会話でも、話し始めに長い間があったのですが、さやかさんがこれならいいと思えるような話し方もできるようになりました。クラスの当番での掛け声なども、少しずつ話す怖さが減ってきていると話してくれました。しかし、これは吃音が治ったわけではありません。あくまでもさやかさんが工夫をして話していた結果でした。

さやかさんは五年生になり、スピーチセラピーの間隔が四カ月に一回と長くなった時のことでした。四カ月ぶりに会ったさやかさんには、元のようなブロックの吃音が出ていました。練習した話し方を使っていない理由をさやかさんに尋ねると、さやかさんは「工夫をして話していることがまわりにバレるのが怖い。みんなは気にしなくても話せるのに、どうして自分はまわりとちがうのかと思うとつらい」と答えました。吃音は再発します。再発が起こってうまく話せないことがあり、慌ててしまった経験があったのだろうと思われました。そしてさやかさんは、工夫をして話すのはもう嫌だと思っていました。

◆なめらかに話す練習

さやかさんと相談した結果、今度は「なめらかに話す」アプローチでのスピーチセラピーをやってみようということになりました。ただし、この方法でもみんなと同じように話せるようになるわけではなく、工夫しながら話すことが必要です。私は、これから練習する方法はどうしても困った時のためのもので、普段のさやかさんには吃音があってもいいのだと、くりかえし話しました。

さやかさんには音読ができるようになりたいという思いがあったため、音読を題材に練習しました。誰にでも効果があるわけではありませんが、さやかさんには一定の効果があったようで、半年ほどたつと、さやかさんの音読時の吃音はブロックが少し和らぎました。

◆吃音の仲間の中での音読

さやかさんは、もっと自信をつけたいと自分でも思っていたため、吃音の仲間が集まる会で音読の発表をすることにしました。吃音の仲間が集まるため、さやかさんは音読発表を楽しみにしていました。ところが音読発表は期待通りにはいきませんでした。

みんなが聴いているという状況が、思った以上にさやかさんに影響したようで、さやかさんはうまくことばを出すことができませんでした。さやかさんは最後までやり切りましたが、数分で終わるはずだった音読は、永遠とも思えるほど長い時間がかかりました。さやかさんの落胆を考えた私やお母さんは、どう元気づけようかと不安でいっぱいになりました。

◆吃音が役立つ経験

会も終わりに近づき、反省会の時間になりました。吃音の仲間が一人ひとり今日の感想を話す時間でした。そこで、思いもよらないことが起こりました。大学生の吃音の人が、さやかさんの音読について感想を言ったのです。

その感想は、「さやかさんが最後まで読み切ったのを見て、自分も頑張ろうと思った。吃音でつらいこともあるけれど、やればできるとさやかさんから元気をもらった」というものでした。ほかの吃音の仲間も、さやかさんに元気づけられたことをさやかさんに伝えました。これは、さやかさんが落ち込んだのを見て、単に慰めようとして言ったことではないことは、その場の雰囲気からわかりました。吃音で投げ出したいと思うことを、たくさん経験してきた人たちだからこそ感じたことだったと思われました。

さやかさんは帰宅して、「これまで、ことばの教室の先生やお母さんやみんなが吃音があってもいいと言ってくれていたけれど、自分ではどうしても納得できなかった。でも今回、うまくできなくて残念とは思うけど、自分の吃音がみんなを元気づけたとわかったら、自分には吃音があってもいいと初めて思えた」とお母さんに話しました。

◆中学二年生のこうたろう君

こうたろう君（仮名）の例をお話しします。こうたろう君は中学二年でした。小さい頃から吃音がありましたが、どこかに相談したことはありませんでした。中学校の担任の先生はこうたろう君の吃音のことには気づいておらず、こうたろう君のことを口数の少ないおとなしい子だと思っていました。

先生がこうたろう君の苦しさに気づくきっかけとなったのは、こうたろう君のマスクでした。コロナが蔓延する前のことでしたので、マスクを着けた生徒は学校に何人もいませんでした。最初は風邪でもひいたのかと思っていた先生も、こうたろう君がいつまでもマスクを外さないのでおかしいと感じ、こうたろう君に理由を尋ねました。すると、こうたろう君から「吃音が気になるので、できるだけ話しかけられないようにと思ってマスクをしている」という返事が返ってきました。

この時、先生はこうたろう君のことばがとても出にくいことを知って驚きました。こうたろう君の吃音はブロックのタイプで、質問されて答えようとすると、何秒も声が出ないことがよくありました。授業中のこうたろう君は黙っていることが多いため、先生や教室のみんなは、こうたろう君は答えがわからないのだろうと思っていたようです。こうたろう君も、当てられてもことばが出ないだろうと考えて、授業中は手を挙げることをあきらめていました。こうたろう君は先生に尋ねられるまで、吃音でことばが出にくいことを学校の誰かに話したことはなく、誰にも気づかれたくないと思っていました。

◆欠席したくない発表会

こうたろう君が以前からとても嫌だと思っていたことがありました。それは、講堂に集まった全校生徒と保護者の前で、二年生全員がひとりずつ発表する行事でした。こうたろう君は一年生の時にその行事に参加して以来、二年生になったら自分もこれをやらなくてはいけないと思って、憂鬱な毎日を過ごしていました。

生徒が発表するのは将来の夢でした。全員が発表するので、一人ひとりはとても短い文章でしたが、文章を書くのが得意なこうたろう君は、すぐに自分の納得のいく文章が書けました。文章も簡単に暗記できました。しかし、どんなに練習しても、はじめの音が出てこずに、最後まで読むのには長い時間がかかりました。

こうたろう君は、いっそのこと行事を欠席してしまおうかと考えたようですが、やっぱり逃げたくないと思いました。かと言って、先生に代わりに読んでもらうのも、まわりに変に思われるので嫌だとこうたろう君は思いました。

◆トランシーバー作戦

こうたろう君の吃音は一分待っても音が出てこないことがありました。言おうとすればするほど、よけいにそうなる傾向もありました。どうしようかとこうたろう君と相談した結果、この時だけ特別な方法を使うことにしました。それは、誰かに一緒に読んでもらう方法です。吃音は誰かと一緒に話すと出にくくなる特徴があります（第1章参照）。その特徴を利用する方法です。でも、こうたろう君の横に誰かが立って一緒に読んだら、みんなが変に思います。一緒に読んでいることが目立たない方法をこうたろう君は希望しました。そこで考えたのが、トランシーバーのような装置を使うことでした。離れたところにいる誰かが一緒に読んで、その声をこうたろう君のイヤホンに送るという方法です。声はこうたろう君だけにしか聞こえません。試しにやってみると予想通り、こうたろう君は全く吃音が出ることなく、発表予定の文章はあっという間に読めました。イヤホンも小さくてほとんど目立ちませんでした。あまり練習をすると効果がなくなってしまうので、練習は少しだけにしましたが、練習の時に吃音が出ることは全くありませんでした。先生とこうたろう君と私の三人による講堂での練習の時も吃音は出ず、三人とももう成功することしか考えていませんでした。

このトランシーバー作戦にあたって、私はこうたろう君にひとつ条件をつけました。トランシーバーを使うことを、クラスのみんなに伝えるということです。こうたろう君が吃音のことをオープンにできるチャンスにしたかったからです。全校生徒には伝えなくてもいいので、同じクラスの仲間にはオープンにしようと、担任の先生も交えて何度もこうたろう君と話し合いました。しかし、こうたろう君はクラスのみんなの反応が怖くて、吃音のことを話す勇気がもてませんでした。結局、発表の時にまわりに座る四人だけに、吃音とトランシーバーのことを説明することになりました。担任の先生は、こうたろう君が希望する子をまわりに配置してくれました。トランシーバーのことを打ち明けられた四人は、何かあったら助けるとまで言ってくれて、こうたろう君を励ましてくれました。この時こうたろう君は、吃音のことをひとに話しても案外大丈夫かもしれないと少しだけ思ったと、あとから教えてくれました。

◆予行演習の失敗

発表の三日前の予行演習の日が来ました。二年生だけが集まってひとりずつ練習をしました。吃音の子はこうたろう君だけでしたが、スラスラと覚えていることを言える子ばかりではありませんでした。むしろ、うまく言えない子のほうが多い印象でしたが、こうたろう君は自分だけがうまく言えないと思っていたようです。

こうたろう君の順番が来ました。一緒に読む先生も遠くでスタンバイしています。しかし、先生が何度か「せーの」と言って読み始めても、こうたろう君は声を出すことができませんでした。いくら待っても、こうたろう君はじっと立っているだけでした。こうたろう君に何が起こったのかと、びっくりして振り返る子もいて、それがこうたろう君にとって、さらにパニックになる要因になりました。結局こうたろう君は泣きながら座ってしまいました。翌日こうたろう君は、先生の助けのもとで自分の吃音のこと、トランシーバー作戦がうまくいかなかったことをクラスのみんなに打ち明けました。

◆発表会の本番

こうたろう君は本番でトランシーバーを使うのをやめました。ではどうするのかをこうたろう君と話し合いました。幸い、こうたろう君がトランシーバーで練習していた時の録画があったので、そこからこうたろう君が作文を読む音声を取り出して、こうたろう君が吃音でつまったら、その音声を先生が会場に流すことが決まりました。スピーカーから流れる録音の声は、マイクで話すのとは少しちがって聞こえましたが、まさしくこうたろう君の声で発表できる方法でした。

さて本番はというと、やはりこうたろう君は吃音のために最初の音が出ませんでした。先生はこうたろう君のようすを確認し、録音を流し始めました。こうたろう君の声が会場に流れました。これで終わるかと思った瞬間、思いもよらないことが起こりました。途中から、こうたろう君がその声に合わせて話し始めたのです。短い文だったことから自分で話せたのはわずかでしたが、こうたろう君は自分で話し切って終えることができました。見守っていた先生や保護者は、こうたろう君がプレッシャーの中で頑張ったことに感動しました。

そして、さらにこうたろう君を感激させることが起こりました。会が終わったとたん、こうたろう君のまわりに数人の友だちが駆け寄ってきて、飛び上がって喜んでくれたのです。先生たちも何が起こったのかと思うほどの喜びようでした。あとからこうたろう君は、こんなにも友だちが自分を応援してくれていたことがわかって、涙が出るほどうれしかったと話してくれました。こうたろう君は、勇気を出して吃音のことを打ち明けてよかったとも話してくれました。

◆自分に向き合うこと、まわりに受け入れられること

さやかさんとこうたろう君の例は、どちらも生活の中で、吃音のためにとても困ったことが起こった例です。ブロックのタイプの吃音であることが影響を与えていたことから、発話への直接的なアプローチをおこないました。しかし発話へのアプローチは対症療法ですので、吃音の軽減には限界がありました。

さやかさんとこうたろう君の例からわかることは、話し方を何とかしようとひとりで頑張るだけではなく、吃音のある自分が受け入れられている、役立っていると感じられる経験がどれほど必要かということです。さやかさんは吃音の仲間の中で、こうたろう君はクラスの仲間の中でと、状況にちがいはありましたが、二人とも、人との関わりの中で、吃音でも大丈夫という経験をしました。この経験をもとに、二人は吃音のある自分でも大丈夫と思える世界を広げていってほしいと思います。そして大切なことは、吃音でも大丈夫と思える世界は、吃音をオープンにすることなしでは開かれないということを、本人もまわりも理解しておくことだと思います。

4

吃音Q&A

（堀彰人）

Q1 目の前で子どもがどもっている時に、どのように聞いてあげたらよいでしょうか。

いちばん大切なことは、子どもが「伝えたい！」と思う気持ちや、その内容そのものを受け取り、そこに応えていくことです。相づちやうなずきを入れたり、子どもの使った表現に「……なのね」等を加え、そのまま返したりすることで、「ちゃんと気持ちが伝わっているよ」というメッセージを届けることができます。こうして一連の会話が終わった時に、コミュニケーションの満足感が残るようにしたいですね。

保護者の方にとっては、どもりながら苦しそうに話すわが子を前にすると、いたたまれず、なかなか平静な気持ちで聞いていられないこともありますね。それは親として自然な感情です。一方、子どもの視点から考えると、自分が話しかけた時にお母さんやお父さんの表情が曇ったり、視線を外されたりしたら、満たされない部分が残ってしまうかもしれません。まずはお子さんにとって、その場面が少しでも話しやすくなるように、先に述べたような聞き方、返し方を心がけてみてください。

そして、お母さん、お父さんの心配な気持ちにも蓋《ふた》をしてしまわないよう、その気持ちに共感してもらえる身近なご家族、あるいは言語聴覚士などの専門家と話せる関係を作っておけるとよいと思います。

Q2 「ゆっくり話してごらん」と言っていますが、よいのでしょうか。

お子さんが目の前でどもってしまい、なかなかスムーズに話せずにいると、「ゆっくり話してごらん」と声をかけたくなります。その気持ちは決してまちがいではありませんが、「ゆっくり話すこと」を求めるのではなく、お子さんが少しでも自分のペースで、自分の話し方で安心して話せる雰囲気を作ったり、結果的にゆったり話せるような聞き方、返し方を心がけたりすることが大切です。

おしゃべり歴がさほど長くない子どもたちにとって、ちょっとした会話のやりとりでも、頭の中は同時進行でたくさんの作業をおこなって精一杯の状況です（詳しくは第3章七二ページ以下）。話しにくさを感じながらも、一生懸命話そうとしているところに加えて、「ゆっくり話す」よう勧めることは、さらに話す速さの調整も要求すること、つまり話す際に頭の中でおこなっているたくさんの作業に、もうひとつの負担を増やしてしまうことになるかもしれません。無理に話す速度を落とそうとするのではなく、先に述べた相づちやうなずき、「……なのね」を加えて返しながら、お子さんの話をゆったり聞いてみてください。

同じように「落ち着いて話してごらん」「緊張しなくていいから」等と声をかけたくなることもあると思いますが、これも同様です。

Q3　どもって言えない時に、代わりに言ってあげてはいけないのでしょうか。

子どもが言いたいはずのことばがなかなか出てこない時、つい代わりに言ってあげたくなることがあります。基本的には、最後まで待って、子どもが言いたかった内容を受け取ることが大切です。自分が思いついた素敵なことを、そして、聞き手であるあなたが知らないはずの内容を「伝えたい／聴いてほしい」ことが話す目的だからです。「伝えたい／聴いてほしい」気持ちに対して、「耳を傾けようとしてもらえる」ことで、子どものコミュニケーションの期待に寄り添い、満足感をもって終わることにつながります。

でも、こんな時はどうでしょうか。家族で食卓を囲んでいる時、手の届かない場所にソースがあります。手を伸ばしながら「お父さん、ソース取って」と頼もうとして、「ソ」の音がなかなか出てきません。この時、状況からソースがほしいことは、手を伸ばすだけでも十分伝わっています。子どももそう信じているはずです。

「自分で言いたいことを先取りされると悔しいけれど、どうでもいいようなことは、わかってくれたほうが助かったと思う」という子もいます。「ソース」ということばが出るまで待つということは、「〝ソース〟が言えたら取りますよ」というメッセージになってしまうかもしれません。

子どもの感じ方は、その時々でちがうのでしょう。子どものメッセージを最後まで受け取ろうとする基本的な姿勢は大切にしながら、一回一回に神経質になりすぎず、「それ、言いたかったのに！」「わかっているなら取ってほしいな」……そんな気持ちも気兼ねなく声に出せる関係も大切なのかもしれません。

また、どうしても声が出てこない時に、困ったような視線を向けてくることがあるかもしれません。言いたいだろうことを一緒に探したり、確認したりしながら会話を続けなければならない場合もあるかもしれません。子どもが何かを教えてくれようとする時、相手の共感を得たい、自分の考えを、そして自分を認めてほしいという気持ちもあるはずです。言いたいだろうことを確認する時も、会話の主導権を持つのは子どもです。そして、最終的にコミュニケーションが満足感で終わることが大切です。言いたいことを伝えるために子どもが孤軍奮闘するのではなく、協力してコミュニケーションを築いていこうとすることです。

子どもが話そうとしているあいだ、ひたすら黙ってじっと待とうとする保護者の方に出会うこともあります。「最後まで聴く」ということを一生懸命実践しようと努力されているのだと思います。でも、私たち大人も、相手に黙ってじっと待たれていると、かえって話しにくいものです。子どもの話を聞く時、ことばが〝出るか出ないか〟〝どのような形で出てくるか〟に注意が向くようになってしまうと、その分、子どもの気持ちから離れてしまい、聞き手として共感することが疎《おろそ》かになってしまいます。子どももそれを敏感に感じ取り、自分の話しことばの形にもっと目が向いてしまい、自分の中に湧き出していたはずのイメージや、伝えたかった気持ちから距離ができてしまいます。子どもにとってその時間は、気持ちと気持ちが重なり合う心地よい共感の時間ではなく、苦しい時間を何とかひとりで切り抜けようとする、孤立したコミュニケーションになってしまいます。

うなずいたり、相づちを打ったり、子どものことばをそのまま返したりしながら、「伝わっているよ」というフィードバックがあることで、少し苦労はあっても、そのコミュニケーションをともに過ごせている実感が生まれ、安心して気持ちをことばに乗せていくことができるのでしょう。

子どもの伝えたい気持ちを最後まで受け取ろうとする姿勢、一緒にその時々のコミュニケーションを築き、満足感で終わらせようとする姿勢が何より大切だと思います。

Q4　吃音が「よく」なったと思うと、また「悪く」なったりすることがあるのですが、何がいけないのでしょうか。

子どもの吃音の場合、どもり方が目立つ時期と、比較的目立たない時期が交互に現れることがよくあります。これを吃音の「波」とよんでいます。どもり方が目立たなくなると、「よくなった」とほっとしたり、反対に目立つようになると「悪くなった」と感じ、「何がいけなかったのだろう」と考えたりしがちですが、何かよくない状況が背景になっているとは限りません。

このような「波」がなぜ見られるのか、明確な理由は十分明らかにされていません。お子さんによっては、春先になると目立つようになるなど季節によって異なる場合もあれば、体調や疲労によって異なる場合もあるかもしれません。表面的なども り方そのものの変化だけで、「よい」「悪い」と決めつけてしまわないようにしましょう。

初めてことばの教室に相談に来た時に、家庭でのようすに比べて、あまりどもらない子どもがいます。保護者の方に普段のようすを詳しく伺っていくと、自宅ではどもりながらでも楽しそうによくおしゃべりをしているようです。人前では警戒をして、自分の表現にブレーキをかけてしまい、結果的にあまりどもらなかった可能性も考えられます。

家庭でのほうがどもるのだから、家庭に何か好ましくない要因があるのでは……と思うかもしれませんが、ことばの教室に何度か通って、担当の先生といろいろなことを話せたり、自由に遊べるようになったりする頃に、家庭と同じようにどもり方が目立ってくることが少なくありません。場合によっては、家庭より目立つようになることもあります。最初は「安全圏」ではなかった場所で、自分を表現していくこと、主張していくことは、その子にとってひとつの壁を越えていくことでもあります。ことばの表面的な状況だけ見ると「悪く」なったと感じてしまうかもしれませんが、本人にとっては、それまでブレーキがかかってしまった大変な状況でも、あえて表現していこうとするひとつの成長とも考えられます。このような時期に、さらに日常のようすをよく聞いていくと、友だちに対しても関わり方が変わってきていることがあります。同じような変化を示す場が広がっているのです。このような場合、吃音は確かに一時期目立ちますが、新しい関わりに慣れてくると、頻度が落ち着いてくるようです。むしろ全体的に考えると望ましい方向への成長の節目で、一時的に影響が生じていたと考えられる場合があるのです。

ことばの状況だけを見て「よい」「悪い」という（価値のともなう）表現をする

と、それによって心配な気持ちが膨らんでしまうものです。日常生活全般にも目を向けて考えていきたいですね。

もし「波」の背景に、子どもが自分で対処することが難しいほどのストレスフルな状況が生じている場合があるとすれば、おそらく、日常生活全般でイライラしていたり、塞ぎ込んでいたりするようすにも気づくのではないでしょうか。

なお、時期によるちがいだけではなく、同じ時期でも、たとえば家庭と園や学校で、どもり方のようすが異なることがあります。場面ごとの負担感は異なりますから、場面によって変化が現れる時期もちがってきます。

Q5 「気にしないほうがよい」と言われますが、なかなかそういう気持ちになれません。

子どものことが心配で相談に行ったのに、「気にしすぎないように」と言われることがあります。おそらく、会話をする時に、ことばの形に目を向けすぎて、会話自体の楽しさが後回しになってしまわないように、という意図で言われたのだろうと思います。それは大事なことではあっても、「気にするな」と言われて気にならなくなるくらいであれば、相談に来ないのかもしれませんね。子どものことが心配で仕方ない思いは、保護者としては当たり前のことです。

相談を続けていると、「最近、生意気な発言をするようになった」「友だちに何か言われると言い返せなかったのに、言い返せるようになった」とか、「大勢の友だちと活発に遊ぶようになった」など、ことば以外の変化に気づくことがあります。こうした日常の生活場面での変化が感じられた時に、「そういえば、前ほど気にならなくなった」とおっしゃる保護者の方が少なくありません。そもそも相談しようと思った背景には、「どもること」自体への心配ももちろんですが、どもることによって「子どもの友だち関係や生活にマイナスの影響が出るのではないか」という心配も重なっていたのではないでしょうか。そして、「気にならなくなってきた」とおっしゃる背景には、心配していた友だち関係や生活でのようすに成長を感じることで、当初のような大きな心配ではなくなっていったということがあるように思われます。

そのためにも、ことばだけに目を向けるのではなく、人との関わりや、何かに取り組む時のようすなどについて、ことばの教室の先生や学級担任などと情報交換を重ねていけるとよいでしょう。少し時間はかかるかもしれませんが、時折、日常のさまざまなようすについて「こういう場面で、以前だったらどうしていただろう」という眼で見つめてみることが大切です。

Q６　子どもが良くないことをした時に、叱ると吃音がひどくなるのではないかと心配になってしまいます。叱らないほうがよいのでしょうか。

こうした質問を受けることがよくあります。吃音の原因を心理的な問題、あるいは環境の問題だと、どこかで感じてしまっていることが影響しているのかもしれません。第1章にふれられている通り、吃音の直接的な原因は育て方などの問題ではありません。吃音の表れ方に一時の影響を与えることがあったとしても、いつまでも立ち直れないほど叱られるようなことは、あまり考えられません。もちろん、そのくらいのダメージを受けるほどの養育だとしたら、それは吃音があろうとなかろうと考えなければならない問題です。

また、ストレスになることすべてがよくない影響を与えており、だからストレスをかけないようにと考えてしまうこともあるかもしれません。でも、全くストレスのない環境で育つことが、子どもたちの成長によいわけでもありません。

子どもたちは、心身の成長の過程で、さまざまな壁に直面しながら、時には身近な人に背中をそっと支えてもらいながら、あるいは見守ってもらいながら、その壁を乗り越えていくことで心の幹を太くしていきます。子どもを信じ、ようすを見守りながら、どうしても解決が難しそうな場合には一緒に考えていくことが大切なのかもしれません。

Q7 「自信をつけさせればよい」と言われましたが、どうすればよいのでしょう。

「得意なことを見つけて、自信をつけるとよい」というアドバイスを受けることがあると思います。そのために、何かを習わせたらよいのだろうか、練習させたらよいのだろうかと考えることがあるかもしれません。もちろん、夢中になるものができたり、何かに秀《ひい》でたりすることは悪いことではありませんし、それによって自信がつくことも望ましいことでしょう。でも、いつの間にか「ほかの誰かとの比較において、より上手にできること」に目が向きすぎてしまわないようにしたいと思います。もし、人より何かができることを目指すのだとすれば、プロのアスリートや一流のアーティストは、悩んだりすることが少ないのでしょうか。

ここで大事にしたい「自信」とは、「今の自分でも大丈夫」と思える、自分自身に対する根底での信頼です。ある高校生は、それまでのことを振り返り、「吃音で嫌なことはたくさんあった。これからもあるかもしれない。だけど、今まで何とかなってきたのだから、やっていけると思っています。そう信じています」と語ってくれています。「今の自分でも大丈夫」という感覚は、人との関わりの中で「今のあなたでOKだよ」というメッセージを実感する体験の積み重ねを通して、きっと少しずつ育っていくのだろうと思います。

Q8 友だちから「どうして、あ、あって言うの？」と言われたなどと訴えがある場合、どのようにしたらよいでしょうか。

このような訴えがあると、ますます心配になったり、慌ててしまったりしますね。まずは、これまで紹介してきた会話と同じように、子どもたちの話をじっくり聞けるとよいと思います。子どもたちと吃音をめぐって話ができる、よい機会にもなりそうです。

友だちのこうした問いかけの中には、純粋に不思議に思ったり、心配して聞いてくれたりしている場合もあります。そういう訴えもあるかもしれないと心づもりをしておくと、あまり慌てずにいられるかもしれません。「(友だちにそう問いかけられて）その時、どうしたの？」と聞き返してみるのもひとつの方法です。本人なりの説明をして、また変わらず遊べていたのかもしれません。そのような時は、「それでいいと思うよ」「よかったね」などと返せばよいのでしょう。もし、何も返せずに困っていたようであれば、「今度、そういうことがあったらどうしようか」と、一緒に答え方について作戦を練ってみてはどうでしょうか。満点の正解があるわけではないでしょうが、一度相談して終わりにしないで、折にふれて「どうだった?」と尋ねてフィードバックをもらいながら、また考え合っていければよいのだと思います。

また、こうした場面を直接見聞きすると大人はつい、相手の子どもに「そんなことを言ってはいけません」と制止してしまうことがあります。素朴な心配がこうした質問になっていた時、その思いや表現に外から蓋をしてしまうことによって、「何か口に出してはいけないもの」というメッセージを押し付けてしまっているかもしれません。「わざとやっているわけではなくて、なぜかわからないけれど、そうなってしまうの」「笑ったりすると、お話したくなくなってしまうよね」「意地悪を言ったりしないでちゃんと聞いていてくれて、○○ちゃんうれしかったと思うよ」など、身近な大人として、どう考えているのかを誠実に説明したり、やりとりを通じて一緒に考えるようにすることで、相手の子も納得してくれることが多いものです。

Q9　発表会の劇でセリフのある役になったようです。どうしてあげたらよいでしょうか。

発表会でセリフを言わなくてはならないと聞くと、「大丈夫だろうか」と気になってしまいますよね。そして、セリフのない役、あるいは、ごく短いセリフへ変更してもらったほうがよいのではないか、と考えることがあるかもしれませんね。

その心配は、「どもらずに言えるだろうか」という心配でしょうか、それとも、「本人が（自分ひとりでは越えられない壁があると感じて）困っていないだろうか」という心配でしょうか。もしかすると、そのセリフは大変だけれど、よい役をもらえてうれしく、頑張ろうと思っているかもしれません。また、その部分をクリアできるか、少し心配なのかもしれません。もう少し具体的に、ある単語のところだけ、何とかほかのことばに変えられたらいいな……と考えているかもしれません。

まず本人が、本当はどうしたいと思っているのかが出発点です。そこから、そのためにはどうすればよいか、子どもと一緒に考えていければよいと思います。こうしたひとつひとつの場面について、子どもと作戦会議を重ねていくことが、相談することのよさを体験することとなり、吃音に限らず困った事態に遭遇した時に、ひとりでかかえ込んでしまわずに、身近な誰かと一緒に解決していこうとする姿勢を育てることにつながります。それは、合理的配慮を依頼する場合の土台にもなる体験です。

Q10 ことばの教室へ通うことを勧められたのですが、通うことでかえって吃音を意識してしまったり、からかいの対象になったりしないでしょうか。

ことばの教室へ通うことを考える時に、こう迷う人がいるかもしれません。そんな心配な気持ちも率直に相談しながら、ことばの教室の先生、学級担任の先生、保護者の方で協力して、お子さんにとってよりよい環境を育てていきましょう。

こうした心配の背景には、吃音を「意識すると悪くなる」という思い込みがあります。子どもたちは、自分の話し方について自覚のあることがほとんどです。周囲の聞き方や反応などによって、徐々に話すことに警戒心を持つようになっていきます。話すこと、どもることについて、ネガティブな意識を育てていかないことが大切なのです。

ことばの教室は、子どもがどもったとしても楽しく話すことができるところです。

子どもの伝えたい気持ちやその内容を大切に聴き、受け取ってくれる先生がいるところです。こうしたコミュニケーション関係を過ごすことで、話すことに対するネガティブな意識を低くしていくことがひとつの目標です。

ことばの教室に通っていることについて、ほかの子どもたちに何か言われたらどうしようという心配をされる方がいるかもしれません。通常の学級担任の先生や保護者の方、子ども自身とも相談のうえ、子どもたちにオープンに説明をして、クラスの友だちから「行ってらっしゃい！」と送り出してもらい、「お帰り！」と出迎えてもらえる場合も少なくありません。どこかわからないところに行って、そこで何をしているのかもわからないと、さまざまな憶測をしてしまいますし、それが表立ってふれてはいけない何かのようなイメージを育ててしまうこともあるかもしれません。子どもたちなりに納得をすると、変わらずに接してくれるようです。何より、こうした関係を学級に育てていくことが、子どもたちにとって安心して表現できる居場所をつくることになるのです。

通級を考えている子どもたちも、最初はどのようなところなのか不安に思っているかもしれません。それでも行ってみて、過ごしてみると、「また来たい」という場合がほとんどです。自分にとって通うことの意義を感じるからなのでしょう。通っているうちに、吃音の問題が小さくなってくると、たとえばその時間を友だちと遊ぶ時間に充てたいと言うようになる子どももいます。子どもの考えを聞きながら関係者で相談し、もう必要ないと判断されれば、そこで通うことも終了できます。場合によっては、毎週の通級から隔週にして、ようすを見ながら終了へ向かう選択肢もあり得ます。

通級の選択は、子どもにとって必要な時期に味方を増やすこと、専門的な眼で見つめることのできる教員も含めた応援チームを作ることだと考えてみましょう。

Q11 吃音があると、話すことの多い仕事には就けないのでしょうか？

吃音がある人は、話すことの少ない仕事を選択しなければならないと思っている人がいるかもしれませんが、実際は必ずしもそうではありません。むしろ、話すことの多い職業に就いて日々を充実させている人もいます。

実際の調査によれば、吃音のある人が従事している職種はさまざまです。割合としては専門・技術的職業や事務が比較的多く、販売・営業や教員は比較的少ないようですが、たとえば教員に関しては、日本の労働人口における割合で考えると平均より高くなっているそうです。

教員に限らず、医師、俳優、落語家、司会など、話すことの多い職業を選択し、生き生きと活躍している人がいることも事実です。さまざまな職業において、人と話すという要素は多かれ少なかれあるものです。そのことで、やりにくさを感じる場面もあるのかもしれません。

視点を変えて考えてみましょう。あなたが何らかのサービスを受ける時、その相手が信頼できると感じるのは、どのような人でしょう。あるいは職場の同僚として、このような人となら一緒に働きたいと思うのは、どのような人でしょうか？ それよりも、思い浮かぶイメージは、饒舌《じょうぜつ》な人、立て板に水のように話す人でしょうか。

たとえば熱意や誠実さ、仕事に関する専門的な知識量などがまず思い浮かぶのではないでしょうか。

それぞれの仕事には、話すこと以外にも必要なこと、大切な要素がたくさんあり、それぞれの側面に見合う適性もあるはずです。一方で、それぞれの職業に就いている人が、そのどの側面に対しても完全ということでもないでしょう。そして、仕事をしながら、その仕事の中で成長していくことも、誰もが経験していることではないでしょうか。

仕事上のコミュニケーションも、話すことだけから成り立っているわけではありません。相手の意向を受け止められる、よい聞き手であることも、コミュニケーションにはとても大切です。よく聞いてもらえたという経験から、誠実さを感じることもあるでしょう。話し手としても、話す内容や、相手に届けようとする思いで、いかに相手の気持ちをつかめるかも変わってきます。いかに伝えるか、どう届かせるかが大切になってきます。コミュニケーションをよりトータルなものと考え、子どもの頃から豊かなコミュニケーションを経験しながら、感情を豊かに表現したり、話しことばに限らず多様な表現方法を身につけたりすることを通して、表現全体を育てていくことが大切なことのように思います。

実際の職業選択にあたっては、吃音のある人に限らず、誰しもいろいろ悩むことはあるでしょう。その時、吃音も含めたいろいろな側面の特徴、適性、そして、本当に自分のやりたいことかどうか、挑戦したい魅力を感じるかどうかなどを、くりかえし天秤にかけながら、時には誰かに相談することで整理をしながら、決断していくことなのだと思います。困った時に柔軟に誰かとつながっていけることも大事な力です。これも、吃音のある人に限ったことではないと思います。

Q12 子どもが話すことに対して消極的になってしまわないために、どんなことに配慮したらよいでしょう。

吃音の言語症状の程度は同じでも、吃音をめぐる問題は人によって異なり、あるいはその時々の状況によって大きくなったり小さくなったりします。図6は、こうした吃音をめぐる問題の大きさに影響を与える要因について表したものです。これは、自身も吃音で苦しんだ経験のある米国の吃音研究者ヴァン・ライパー博士の「吃音方程式」という考え方をアレンジしたものです。

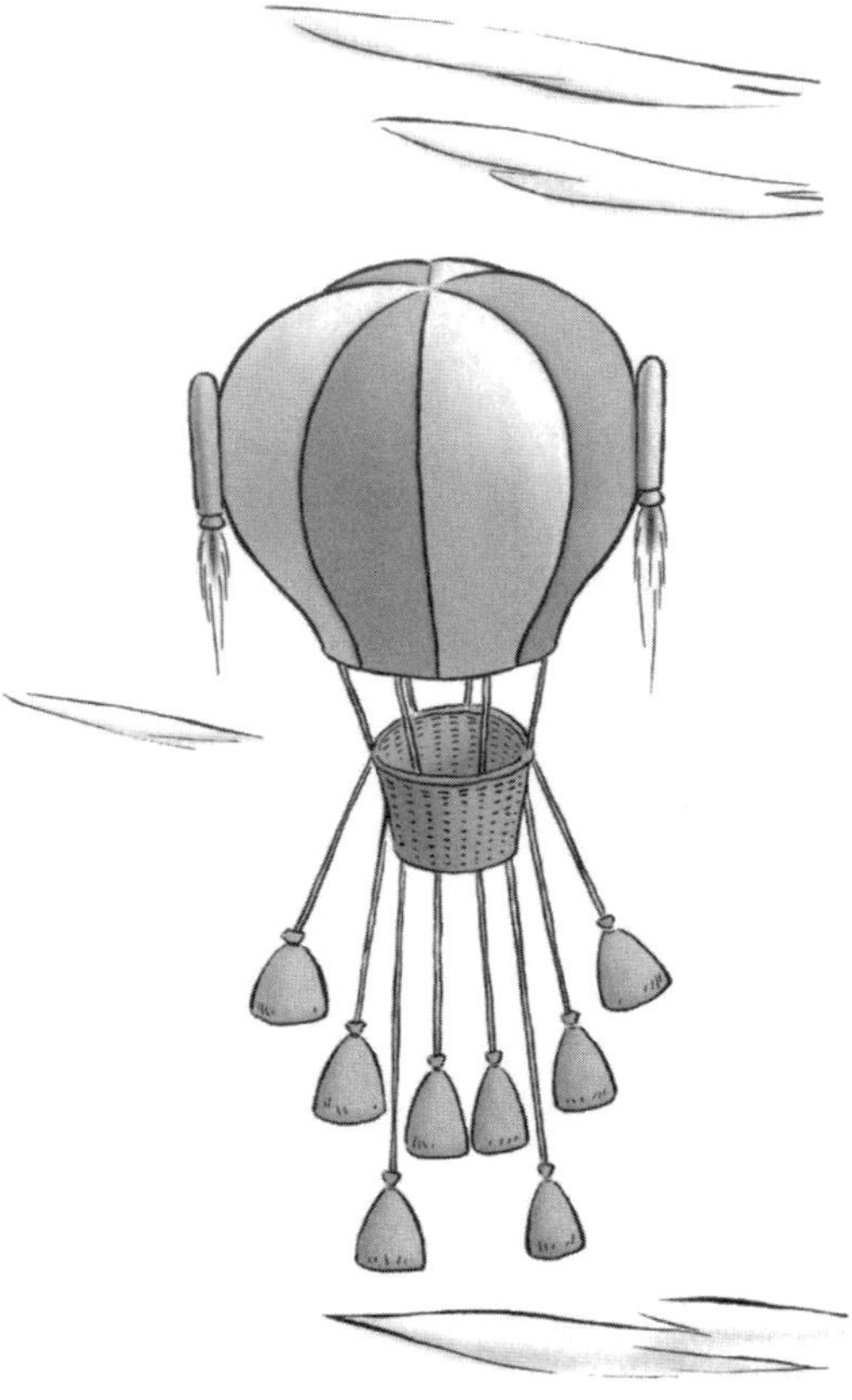

図6　吃音の気球

気球には、重りが八個とエンジンの噴射口が二個ついています。重りが小さくなれば、吃音の問題は小さくなり、気球は上がっていきます。重りが大きくなれば、吃音の問題は大きくなり降下していきます。また、噴射口から噴射されるエネルギーが強ければ気球は上がり、弱くなれば降下してしまいます。それぞれが全く独立して働くわけではないかもしれませんが、コミュニケーションをめぐるさまざまな体験に対して生じる思いを考えるうえで、ひとつの視点になるのではないかと思います。

ここでは、まず重りの部分に該当する、話すことをめぐる体験と子どもたちの気持ちについて説明します。

重りのひとつめは、どもること、表現することに対して罰が与えられたと感じる体験です。子どもたちは、自分の話を聞いてほしくて、自分のことを認めてほしくて話します。聞いてもらえた満足感、認めてもらえた満足感が、話すことや表現することのご褒美になり、「また話したい」という気持ちを育てていきます。「もう一度（きちんと）言ってごらん」「ちゃんとお話して」といった聞き手からの反応は、子どもたちの期待とは反対の反応です。「受け取ってもらえなかった」「否定された」と感じるような体験は、避けたいと思うようになります。逆に、受け止めてもらえた満足感で会話が終わったという体験は、この重りを小さくしていきます。

二つめはフラストレーション、欲求不満です。自分の中に生じていた思いを、何らかの理由で飲み込み、閉じ込めてしまう体験などです。自分自身の表現にブレーキがかかってしまい、思いが届けられないまま終わってしまったという感覚が残ります。この重りを軽くするには、ありのままの思いを自然に表現できた満足感の残る体験、やりきった感覚が大切です。

三つめは不安や心配な気持ちです。話すことやどもることに対する心配もあるでしょうし、「ここでは、どう振る舞えばよいだろう」「ちゃんと上手にできるだろうか」「失敗したらどうしよう」……という気持ちもあるかもしれません。どれも、自分を表現するにあたって生じるためらいの気持ちです。このような気持ちがたくさん湧いている時と、「いつもの自分で大丈夫」と思えている時とでは、私たちのありようは大きく異なります。「表現してみた結果、今の自分で大丈夫だった」（自分が脅威にさらされることはなかった）という体験がこの重りを軽くしていきます。

四つめは、罪の意識です。罪の意識と言われてもわかりにくいかもしれませんね。自分が誰かに悪いことをしている、迷惑をかけている……といった感覚です。自分が話す時に、聞き手が困った表情をしていると感じたらどうでしょう。子ども心に、相手にとって何かいけないことをしている感覚になっても不思議ではありません。

五つめは、はけ口の必要な敵意です。「（自分が）一生懸命話しているのに、どうしてちゃんと聞いてくれないの」と責めたくなるような気持ちもあるかもしれません。子どもがことばに込めた気持ちを「聞いてもらえた」「受け止めてもらえた」と感じることが重りを小さくします。

六つめは、ある特定の場面に対して感じる恐れの気持ちです。ある場面でどもったことから嫌な体験をしたとしたら、できれば同じ状況には遭遇したくないと感じます。こうした場面が、幼稚園や学校で毎日遭遇するもので、しかも避けられないとしたら、その時間が過ぎるまで憂鬱になってしまうこともあるでしょう。子どもが安心して表現できることが、こうした場面の解消につながります。少し不安もあったけれど、「大丈夫だった」と実感できた積み重ねが大切になっていきます。

七つめは、特定の音（語音）に対する恐れの気持ちです。吃音のために母音が言いにくい、タ行が苦手など、特定の音を苦手だと感じるようになることが少なくありません。話しながら、その先に言わなければならない苦手な音を含んだことばが気になってしまいます。発表している時も、一方で内容を考えながら、もう一方で、その音を含む単語をちがうことばや言い方にできないかと考え続けていることがあります。それも大変な作業ですが、たとえば名前のように言い換えのできない固有名詞だったらどうでしょう。

話す内容をことばに置き換えていく作業と同時に、こうした対策も考え続けながら話すわけですから、話しにくいでしょうし、楽しく話せたという感覚も薄くなってしまうかもしれません。ある青年は、言いにくいと感じたことばを別の表現を使ってなんとか言い換えて切り抜けても、伝えたかったはずの自分の思いとニュアンスがちがってしまったのではないかと、後悔することもあると教えてくれました。どもったとしても、一生懸命伝えようとし、相手も一生懸命その内容に耳を傾けようとするお互いの協力関係の上に共感が生まれ、コミュニケーションが満足感で終わる体験が必要です。

八つめ、最後のひとつは話すこと、表現する際に感じる心理的な抵抗感です。私たちはいつも、誰に対しても、どのような状況でも、自分の思いのままに安心して話せるかと言えば、決してそうではありません。吃音の有無にかかわらず、程度の差はあっても経験のあることでしょう。どのような内容でも、ある程度、言いたいように言って大丈夫だと思える相手もいれば、頑張って伝えようとしても伝えきれない部分が残ってしまう相手もいるでしょう。また、最初から話すことがためらわれたり、あきらめたりする相手や場面もあるかもしれません。自分の思うように表現しやすい相手や場面から、とても表現しにくい相手や場面までが、層のように重なっているとも考えられます。加えて、同じ相手や状況でも、話す内容の質によっても、また変わってくるでしょう。

最初は抵抗感があったとしても、相手の受け方や聴き方次第で、案外大丈夫だったと感じることができれば、次の機会には少し抵抗感が小さく感じられるかもしれません。表現できてよかったと思え、表現した手応えを実感できる体験が大切になってきます。

Q13 子どもがコミュニケーションに積極的になるためには、どんな経験があるとよいでしょうか。

今度は、先の図の気球の二つの噴射口からの推進力についてです。

そのひとつは、流暢性の体験です。流暢性ということばから、「どもらない」という面だけを強調して考えないようにしたいと思います。話すことはコミュニケーションという相互の関係の中でおこなわれます。自分の考えを相手に理解してもらい、共有できることをコミュニケーションの目的だと考えた時、どもらずにすむように、話そうとしていた内容のいくつかを話題にしなかったり、もっと説明できたところを控えたりすれば、むしろ、もともとの自分の思いが相手に届いていくという流れは滞ってしまったことになります。

かつて、再就職に向けて相談に来た方がいました。最初の就職活動の時には面接で苦労し、「不合格になってしまったのは吃音のためだ」と考えていたそうです。相談を経て、いろいろな準備を重ね、何社か受験し、今度はいくつもの会社の面接試験に合格しましたが、一カ所だけ不合格になってしまいました。想定外の質問をされて頭が真っ白になり、かなりどもってしまったそうです。それでも、自分に思いつく限りの回答をした達成感があったのだそうです。思っていたこと、考えたことを相手に届けることができた、相手が受け止めてくれたという感覚をともなうことが何より大切なのだと思います。

つかえずに話せるという、話し手側のことだけで流暢性の体験を考えるのではなく、話し手と聞き手の両者のあいだで思いが共有されたり、深められたりする体験を通してコミュニケーションの力が育っていくとよいのでしょう。

もうひとつの噴射口は、士気、自我の強さ、自信などが該当します。積極的に何かに向かっていく気持ちや安定感です。自信ということばから、よく「何か得意なことや好きなことを見つけて伸ばしてあげたい」ということを聞きますが、もう一方で「苦手なことのある今の自分でも大丈夫」という気持ちも必要なのだと思います。このことについては、Ｑ７でもふれました。

このような気持ちは、自分の表現や存在が受け入れられているという感覚を土台に、苦手な状況に向かい合う経験の中でこそ育っていきます。最初は表現することに躊躇があったとしても、コミュニケーションの場に踏みとどまり、表現した結果、「大丈夫だった」という余韻が残ることが必要なのです。だからこそ、聞き手のあり方が大切になってくるのです。こうしたプロセスを通して、「今の自分」への信頼が育ち、少しずつ根を広げて行くのだと思います。

5

吃音のある人の思い

吃音があると、将来仕事に就けるのかと保護者も本人も不安になります。話さないですむ仕事に就きたいと思う吃音の人は多いものです。しかし、全く話さないですむ仕事はないでしょう。

本章では、吃音があっても人と関わる仕事をしている大人の方からのメッセージを紹介します。ひとりは校長先生まで務めた学校の先生で、今では大学で授業もされています。もうひとりは患者さんと毎日話して診療をしている歯科医師の方で、自分の経験から、吃音の方の就労支援を精力的にされています。二人のメッセージから、吃音と一緒に生きるヒントをもらってください。（編者）

一二歳　どもるあなたへ　（板倉寿明）

私の人生を振り返ると、そこには折々に吃音が影響を与えてきました。私は三歳で発吃し、小学校に入学する頃にはどもっているという自覚がありました。小学校の発表、中学での友だちづくり、高校卒業を前にした職業選択、いずれの場面でも、どもることは、私にとって困ったことで、うまくいかない、何とかしたいと悩むことでした。しかし私は、吃音で困っていること、悩みがあることを誰かに訴えたり、相談したりすることはありませんでした。私の「生れ出づる悩み」は私だけのものでした。私は特別支援学校の教員として定年まで過ごし、現在は大学の非常勤講師として授業を担当しています。なるべく話さなくてもいい仕事を探していた頃の自分が嘘のように、話すことが多い仕事をしています。症状からみると小学校高学年の頃が重く、歳を重ねるにしたがって軽くなってきました。吃音者であるという自覚は消えることはありませんが、どもって立ち往生することや、ことばが出なくて我を忘れるような感覚はなくなりました。以下は、症状が重く、心の痛みとして自覚するようになった一二歳の頃の私に向けて書いた手紙です。

◆小学生時代——誰にも言えなかった悩み

その日、私はある特別支援学校の研修会の講師として出かけました。この学校は、私がかつて過ごした小学校の跡地に建っていました。体育館に足を踏み入れると五〇年前の記憶が蘇《よみがえ》ってきました。私には、この場所で忘れることのできないできごとがありました。

私の小学校では毎年学芸会があり、劇をおこなうのが恒例でした。一学年一クラスの小さな学級では、全員のセリフが用意されました。吃音のあった私は、配役を決めるときに、台本にはない「背景の木」の役をやりたいと提案しました。しかし先生にあっさり却下されました。そこでまた提案しました。「じゃあ、お寺の場面で背景に描くことになっていた仏像の役はどうか」と。それほどまでに、人前でどもる自分を見せたくない、大勢の人の前で笑われたくないと考えたのかどうか、今では思い出せません。先生から「どもるのが嫌だからか」と訊かれましたが、とにかく仏像の役をやりたいと言い張りました。

この提案はなぜか受け入れられ、私は望み通り台本にはない、念願のセリフのない役を手に入れたのですが、とても落ち込んでいました。みんなが一生懸命劇の練習をしているのに、ただ座っているだけの仏像の役は練習の必要がないのです。みんなの練習をぼんやり眺める日が続き、つまらないという気持ちと同時に、自分はやらなければならないことから逃げる卑怯《ひきょう》なやつだと思えてくるのでした。本番の日、劇を見た母親から「どうしてあんな役なのか、どもるからか」と訊かれたのですが、答えることはできませんでした。私がどもることは親や先生には関係なく、私だけの問題なのだから放っておいてほしいと思っていました。このときから私の自己嫌悪は始まりました。

小学生の頃の吃音は、「た・た・たまご」のような連発だけではなく、語頭が出てこない難発も、ことばを出すために太ももの辺りをたたくといった随伴症状もありました。音読でどもると、練習が足りないと考えて、暗記するまで練習をしました。それでも本番ではどもってしまい、がっかりもしましたが、練習すればどもらずに読めるはずだと思っていました。不安があっても、吃音に負けてはいけないと、授業中も積極的に手を挙げました。しかし、吃音はだんだん私を困らせる存在になりました。高学年になるといろいろな役割があります。放送当番で下校をうながすアナウンスもそのひとつでした。「みなさん」と第一声は出たものの、「下校の時間になりました」の「げ」が出ないのです。太ももをたたき、首を振りながら勢いをつけても「げ」が出てきません。文章にすればたった二行のことばが言えない自分が悲しくなり、泣きながら走って家に帰りました。

それでも、吃音で困っていることを親に話すことはなく、「なぜ言えないんだ」「どうしたら治るんだろう」と悩みのループをくりかえしていました。

母は、授業参観の時に私がたまたまスムーズに答えたり読んだりすると、うれしそうに「今日は上手やったよ」とほめてくれました。たまたま今日はどもらなかっただけだと言いたかったのですが、喜んでいる母には言えませんでした。どもっている私をはらはらとした表情で見つめ、スムーズに言えるとうれしそうに笑顔を見せる母に、吃音の悩みを話すことは、よけいに心配させ、悲しませるかもしれないと思ったのかもしれません。小中高のどの時代も、家族にも友だちにも先生にも、吃音の話をしたことはありませんでした。私の吃音は親の問題ではなく、先生の問題でもなく、自分だけの問題だと思っていました。

今私は、みんなが劇の練習をしているあいだ、ぼんやり外を眺めている五〇年前の自分に会えるならこう言いたいです。「どもることで感じる悔しさや悲しさに、蓋をするのはやめたほうがいい。湧いてくる感情は我慢したりごまかしたりしないで、ちゃんと出すべきだ。お母さんに話すだけでも、気持ちは軽くなるんじゃないかな」と。

当時の母親にも言えるなら、「心配はわかるが、どもるたびに一喜一憂すると、子どもに『どもることは悪いこと』という感覚を持たせてしまう。その感覚はずっと残るし、けっこうつらいんだよ」と伝えるでしょう。吃音の仲間が言っていました。「外ではどもっても、それなりに頑張ってくるから、親の前では泣かせてほしい」と。悩みに対して答えがほしいわけではありません。ただ、湧いてくる感情を受け止めてほしいだけなのです。

◆中学・高校時代――将来が描けない

中学生になり、人前でどもることは「みっともないし、恥ずかしい」と意識するようになりました。席替えで隣になった子に話しかけたくても、わざわざ恥をさらすようなものだからと我慢し、話しかけられるのを待っていました。音読で指名されて立っただけで、後頭部にみんなの視線を感じ、笑おうと準備しているのではないか……と不安でいっぱいになりました。誰も私の吃音を指摘していないのに、「みんなからバカにされている」と思い込んで、自分で自分をみじめに感じたり、自己嫌悪になったりしました。

高校生になると、このままでは自分の将来はないのではないかと考えるようになりました。小中学校とはちがって、みんなの前で発表するような機会は少なく、友だちも固定化され、どもる姿をみんなの前ではあまり見せないので、まわりからは吃音が軽くなったと思われていたかもしれません。しかし心理的には、得体の知れないものが常にのしかかっている感覚でした。進路希望調査には何も書かずに出しました。進路指導の先生から呼ばれ、理由を訊かれても、何と答えたらいいかわかりませんでした。無言のまま気まずい時間が流れたあと、口から出たのは「先生、僕には将来があるかどうかわからないのです」ということばでした。小学校の頃、どもってもいろいろなことに挑戦しようとした積極性の貯金は、すっかりなくなっていました。自分はどもるから、勉強や部活を頑張っても、人から認められるようにはならないだろう。将来を考えても無駄なことだと思っていたのです。しかし、心のどこかでは、みんなと同じように青春を謳歌《おうか》したいと思っていました。

私が育ったのは岐阜の山奥でした。育った時代も関係あると思いますが、長男である自分が家を継ぐ立場であることを小さい時から刷り込まれていました。四方を山に囲まれた狭い空を見ながら、自分はこの空の下で、ずっとどもりながら生きていくのか、広い空を見ることはないのかと思うと、みじめな気持ちになるのでした。

◆上京して働く――剣道という生きがいを得て

いよいよ進路を決める時期になると、このままではいけない、何とかしなくてはと思いました。自分を何とかするために出した結論は東京へ行くことでした。具体的にやりたいこともなく、何をしたらいいのかわからなかったのですが、男を鍛える職場は警察だと単純に考えました。そして東京でなくてはならない。新しく自分を創るために、今までのものが何もないほうがいい。さまざまな選択肢がある東京なら、立ち直るチャンスをつかめるのではと思ったのです。当時、東京で働くための情報はほとんどなく、進路指導室にある一冊の本だけが頼りでした。その本の最後のほうに警視庁と皇宮警察を紹介したページがありました。どうしても東京に行きたい私は、皇居は東京の真ん中だからと、皇宮警察を受験することにしました。

私は皇宮警察の仕事内容も、試験の難易度もわからず、締め切り間際になって先生に受験することを伝えました。東京に行くことが目的とは言えず、「挑戦をしたい」とだけ伝えました。合格倍率の高さにあとから驚きましたが、もがくように必死で自分の生きる道を探していた私は、落ちたらどうしようとか、別の道を考えることはありませんでした。採用と同時に入校した警察学校では、毎日厳しい訓練メニューがありました。さまざまな訓練の中で、苦しんだのは異常なくらい大きな声での挨拶でした。吃音の難発症状のために第一声が出なかったり、スムーズにことばをつなげなかったりした私は、教官から「何を言っているのかわからん」「もっとちゃんと言え」と何度も言い直しをさせられました。言い直してもうまくできないので、これには耐えるしかありませんでした。気がつくと一週間後には一〇人くらいの仲間が辞めていましたが、私はこんなことで辞めて田舎に帰るわけにはいかないのだと自分に言い聞かせました。

皇宮警察の仕事には体力や厳しい規律が求められましたが、むしろ私が困ったのは電話でした。受話器を取って名前を言おうとしても、「いたくら」の「い」が出ないのです。何とか声を出そうともがいていると、電話の相手から「何を言っているのかわからない。もういいから、しゃべれる人に代わってくれ」と言われました。そのことばに私はよけい焦って、自分がわからなくなるような感じがしました。身を砕かれるようなその一言のために、その後も電話に対して恐怖を感じるようになりました。あれから何十年も経っていますが、その時の自分への失望を昨日のことのように覚えています。

そんな私の支えとなったのは剣道でした。皇宮警察は柔剣道が必須で、皇居の中の道場で稽古がさかんにおこなわれています。年に一度、全員が参加する大会で収めた好成績と、ちょっとした師範のほめことばで「もしかしたら私は選手としてやれるかもしれない」と心に火がつきました。非番には勤務が終わるとすぐに午前の稽古、昼は道場の毛布で仮眠をとり、午後の稽古、夜は自主練習。私の心についたわずかな炎は、しっかり燃え始めていました。今まで燃えたことがない火です。燃えるための薪《たきぎ》は十分残っていました。私は初めて剣道が楽しいと感じていました。

ある時、師範から「ひょっとしたら試合に出ることがあるかもしれないから、念のためにだ」ということばとともに、選手用の防具につけるネームをいただきました。先輩たちも「師範があんなニコニコしている顔、見たことないな」「おまえが非番の日や休みの日も頑張っていたことを見てもらえたんだぞ。よかったなあ」と一緒に喜んでくれました。師範や先輩の励ましのことばに、私は自分が認められていることを知りました。私はそれまでとは別人のように積極的に行動し、行動範囲が広がると必然的にいろいろな人と関わり、話す機会も多くなりました。剣道を通した充実感は、どもることを恥ずかしいと思う気持ちを上回っていました。しだいに私の中で、どもることは重大なミスではなく、些細なことだと感じられるようになりました。ここでの仲間たちは、私のことばや考え方、態度を一連の私らしさとして見てくれていたのです。私は認められているという感覚と同時に、人とつながっていく心地よさを感じました。

仲間のひとりは、面と向かって「おい、どもっとるぞ、何とかならんのか」と言い、ときどき「ドモ」と私を呼びました。以前にこんなことばをかけられたら、とても落ち込んでいたと思いますが、この頃には聞き流せるようになっていました。彼は信頼できる友人で、私自身も信頼されているという自信がありました。彼との関係だけでなく、私の人との関係の結び方は、どもったら快く思われないのではないか、嫌われるのではないかとか、話し終わったときに私のことをどう思ったかなど疑問をもつような弱々しいものではなく、太くたくましくなっていました。

◆教師になる――「伝えること」への信頼を足場に

皇宮警察の仕事と剣道を通じて、人とつながる喜びを知った私は、もっと人との関係が濃密な仕事がしたいと思うようになりました。あふれる思いに突き動かされるように、私は故郷で特別支援学校の教師になることを決意しました。

警察の先輩や同僚の一人ひとりに思いを伝えました。先輩や同僚たちはこぞって反対でした。教師という仕事は、警察に比べて何倍も話すことが必要だから、苦労するのではないかと気遣ってくれたのかもしれません。「先生はそう簡単な仕事ではない」と心配してくれました。唯一、私を「ドモ」と呼んだ彼だけは「もう決めているんだろ」と言いました。相談のようなかたちで話していましたが、彼の言う通り、私はもう決めていたのです。

剣道では結局レギュラーにはなれず、大きな大会にも出場できなかったのですが、得たものは後悔ではなく満足感でした。「どもるからダメだと何もしなかった自分が、こんなにも一生懸命になれた」「思っていたより自分は何かに真剣に向かう力をもっていた」と、自分を信じられるようになったのです。

剣道に打ち込むことで得た人との信頼関係を支えに、心を込めて話せば、どもっていても子どもたちにも伝わるだろう。不安はありましたが、この伝える喜びを学校という場で思い切り試してみたいと思いました。私が本当に悩んでいたことは、どもること自体ではなく、吃音があると対等な人間関係が結べないのではないかという恐れだったのです。

運よく教員採用試験に合格し、県下でいちばん大きな特別支援学校に赴任することになりました。最初の職員会で驚いたことは職員の多さでした。私は自己紹介では絶対にどもりたくないと思いました。暑くもないのに汗びっしょりになりましたが、自分としては明らかな吃音は出なかったように思いました。ところが、自己紹介が終わって安堵《あんど》の思いでいたところ、ひとりの先輩が近づいてきて、「よお、ご同輩、仲間です。よろしく」と言うのです。どうやら、その先輩には私が吃音者であることがバレていたのです。いとも簡単に。ことば自体はどもらなかったとしても、第一声を発する時の息遣いや間のとり方など、同じ吃音者ならわかるのです。それから、その先輩とは気兼ねなく吃音の話をしました。それだけでなく、朝礼や職員会での発言はユーモアが大切だと、二人で競うように、ただの業務連絡の話を面白くしようとしました。ここで培《つちか》った、どもるかどもらないかではなく、人に聞いてもらえるための表現の工夫は、その後の私の財産になりました。

私がいちばん苦手で、恐怖さえ感じていた電話も、仕事では避けるわけにはいきません。ある時、進路指導の担当になり、一日に何度も外部の機関や職業実習先の会社と電話でやりとりしました。流暢には話せないながらも、何とか対応できました。仕事にも電話にも一連の流れやパターンがあり、それをつかむことで慣れることができました。

授業や職員会の連絡でも、ときどきどもってしどろもどろになりますが、この仕事を嫌だと思ったことはありません。それは、よどみなく話すことだけが教師の仕事のすべてとは思っていないからです。流暢な話し方でも相手に届いていないこともあるし、とつとつとした話し方でも共感できることもあります。聞き手はことばだけをキャッチしているのではなく、ことばに込められた思いや考え方、相手に対する思いやりやユーモアなど、さまざまな要素を受け取っています。私の場合も、どもることも含めて、考えているこど、口調やまなざしなどが、私自身の表現として理解されているのだと思います。

振り返ってみると、どもることの嫌さ、恥ずかしさは、どんどん小さいものになっています。小学生の時、笑われるのでは、バカにされるのではという他者との関係への不安で始まった吃音の悩みは、人との関係が救ってくれました。つまり私にとって吃音は、人への恐れから問題となりましたが、その問題を解決してくれたのもやはり人だったのです。

高校三年生で東京をめざした自分に「それでよかった」と言いたいです。偶然見つけた皇宮警察の仕事ですが、そこから主体的に行動することができました。剣道にこんなに打ち込むことも、先生になることも想像したことがありませんでした。

「計画された偶発性(Planned Happenstance)理論」は、スタンフォード大学のジョン・D・クランボルツ教授が提唱したキャリア形成に関わる理論です。変化の激しい現代社会においては予期できない状況が多く発生します。キャリアの八割は偶然によって決まるといいます。つまり、偶然に対してポジティブなスタンスでいたほうが、キャリアアップにつながるというのです。偶然をチャンスにつなげるためには、未知の領域に臆せず好奇心をもって向き合う姿勢が必要です。

高校の時の隣の席の子は「将来、英語の先生になる」といって、一年生の時から進学する大学も決めて猛勉強していました。キャリア教育などということばはなかった時代ですが、彼女は目標を定めて、その目標に向かってキャリアを積み上げていました。明確に目標をもって努力する姿を、私は唖然として見ていました。しかし、のちの彼女は英語ではなく音楽の先生になっていました。やはり人生はわからないものなのです。私も高三になるまで、警察官も教員も考えたことがありませんでしたが、結果として私は幸運に出会えるように行動していたと思います。未来に何が起こるかわからないということは、いつどこに、どんなチャンスがあるかわからないということです。

◆「もがく力」をバネに、長い道を走る

吃音は英語ではstutteringですが、「struggle（もがく）」が語源だそうです。この「もがく」は吃音の本質でもあり、吃音者の人生をも表していると思います。そして、「もがく」力は私たち吃音者の強みにもなり得ると思うのです。

私にとって「もがく」力は、小学校低学年での違和感、高学年での嫌悪感、中学校での劣等感、高校での孤独感など痛みをともなっていました。しかし、ただ痛みだけではなく、自分の人生を何とかしようと「もがく」力を身につけていたのです。

私たち吃音者に与えられた「もがく」力は、恥ずかしいとか、カッコ悪いといったネガティブな顔をしていますが、実は人に伝えることばの重さと、伝わる喜びを感じられるポジティブなものです。どもる自分と折り合いをつけながら、自分のやりたいこと、進みたい場所の可能性を求める前向きな力にもなるのです。

一二歳のあなたは、まだ気がつかないかもしれません。ただひたすら「どもりたくない」と願う毎日でしょう。しかし、あなたに与えられたものは、どもることの嫌さだけではないのです。どもるからこそあなたには、相手の話を聞こうとする力、相手の気持ちを想像する力が与えられたのです。自分の内側にエネルギーを貯め、どもる自分の存在について考える時間を与えられたのです。どもるからこそ悩むことができたし、何とかするために行動する力を与えられたのです。あなたには、どもるからこそ与えられる力を信じて進んでほしいのです。その力は五〇年経っても色あせることのない本物だからです。私はマラソンの大会で走っていますが、マラソンの四二㎞は練習ではつらくて走れません。レース本番でしか走れないのです。

あなたは吃音という、マラソンにも似た長いレースを走り始めたばかりです。マラソンと同じように、吃音にもつらく苦しい時があります。しかし、あなたはひとりで走っているのではありません。あなたのまわりには、一緒に走っている仲間がいます。朝のなんでもない「おはよう」の挨拶で「お、おはよう」となったり、

「お」が出てこなくて視線が泳いだりしても、笑顔で「おはよう」と返してくれる友がいます。クラスメートや部活動の仲間は、ことばの症状の何倍も、あなたの話す内容や、ことば以外の行動や思いを見ています。そこを見てくれる仲間は本当の仲間です。たった数人の、笑ったりからかったりする子におびえて、あなたの前や後ろや横にいるステキな人を見失わないでほしいのです。

仲間の数は関係ありません。一人でも二人でもいいのです。同じレースを走る者なら、苦しい上り坂で精一杯腕を振る姿に「よし、自分も」と勇気づけられ、給水地点でひと息つく姿に心を通わすことができます。その人たちの気持ちがステキだ、心地いいと思えたなら、この先に壁のような坂があったとしても走れます。仲間のパワーをもらいながらゴールまで連れて行ってもらうのです。吃音というマラソンは、そうやって走ればいいのです。

私はあなたより五〇年ほど先を、少し笑顔で走っています。しかし、私の吃音というマラソンのゴールはまだ見えません。ただ、そう遠くはないところにあると思いながら走っています。はるか向こうを走り始めた一二歳のあなた、あなたはあなたの走りでゴールをめざしてください。私はゴールで待っています。あなたとハイタッチできるその日を夢見ながら、少し先を走っていきます。

吃音のある人が「働く」ということ（竹内俊充）

◆「働く」って楽しいこと

吃音のある人の悩みは、就職活動や、実際に就労したあとに深刻になることがあるようです。経済活動にはさまざまな責任が付きまとい、ことばが流暢でないと、ものごとがスムーズにいかないケースがあるからと思われます。

私は、自分の吃音の経験を生かし、吃音者の就労に特化したNPO法人「どーもわーく」を運営しています。「吃音のある人が、日々の生活を明るく前向きに過ごしていけるように」働くことを通じて自分の可能性を広げられる社会をめざしています。

私も幼少期から吃音がありますが、今は一人前に仕事ができています。私が特別優秀だから仕事ができているわけではありません。吃音のことで悩み、苦しんだこともありましたし、症状が出て笑われたり、怒られたりすることもありました。最初に就いた仕事を辞めさせられたこともありました。いろいろありながらも、一喜一憂しながら平凡に生きてきました。でもその中で、大切なものを見つけられたのです。

そもそも「働く」のは楽しいことです。私はそのことを見つけたのです。「えー、そんなことないよ」と言う人もいるでしょう。確かに、働く中では苦しいことや悩んだりすることもあります。ただ、仕事の究極のゴールは「やりたいことをする」ことです。「なりたい自分になる」、別の言い方をすれば「やりたいことを実現させるためのツール」が仕事ですよね。

これは、必ずしも「仕事」がその人にとって「やりたいこと」であるということではありません。もちろん、「仕事」が「やりたいこと」と一致していればいちばん幸せかもしれませんが、そうではない場合もたくさんあります。ただし、そうでなくても、仕事が「やりたいことを実現させるツール」になりうることはまちがいないと思います。

たとえば、私が支援した人にこういう人がいました。「絵を描くことがとても好きで、個展を開き、絵を描きながら生活をしていきたい」。もちろん、すぐに絵だけで食べていけるわけではないので、その人はずっと職を転々としていました。ただ、どーもわーくで支援したあと、「一七時定時できちんと終わる会社」に就職しました。そうすることにより、生活にリズムができて、一七時以降に大好きな絵を描くことができるようになったのです。この場合も、「仕事＝やりたいことを実現させるツール」といえるのではないでしょうか。

◆想像しにくい「将来」を身近に考える

どーもわーくでは、多くの人から相談を受けます。中でも「人と会わない仕事がしたい」「しゃべらないですむ仕事がしたい」という相談をよく受けます。確かに、その気持ちはよくわかります。私も幼少期から吃音があったので、将来、自分はちゃんと仕事ができるのだろうかと悩んだ日々がありました。大学時代には、吃音を治すために休学しようと真剣に考えたこともありました。それは、今から思えば「先の見通しが立たないから不安だった」ということです。

相談者と面談をする際に、必ず聞くことがあります。

「将来やりたい仕事って何ですか?」

そうすると、ほとんどの人は「ない」「考えたことがない」と言うのです。そうなんです！「吃音」を深く考えすぎてしまったがために、多くの方が「やりたいこと」を見失っているのです。正確にいうと、「やりたいこと」は過去にあったのでしょうが、吃音のためにそれをあきらめてしまっているのです。自分で勝手に「自分が本当にやりたいことはできない」と判断して、せめて「しゃべらない仕事をしたい」となってしまっている人がかなり多い印象です。

そのような相談者に、私は「まずは、やりたいことを見つけてみましょう」とアドバイスします。でも、吃音の悩みで頭がいっぱいになっているときは、それがなかなか見つかりません。そういう場合は「一〇年後の自分はどうなっていたいのかを具体的に想像してみてください」とアドバイスをします。一〇年後が難しければ、「五年後の自分はどうなっていたいか、具体的に想像してみましょう」とアドバイスします。五年後であれば、多くの人はなんとなくイメージができます。それが想像できたら「五年後に自分がそうなっているためには?」「三年後の自分はどうなっていたい?」「来年の自分はどうなっていたい?」「半年後は?」「一カ月後は?」「来週は?」「明日は?」と具体的に見えてきます。

本当のところ、できるかできないかなんて、やってみなければわからないのです。やる前からあきらめるなんておかしいですよね。あきらめたらそこで終わり、できるはずがありません。多くの吃音者は、過去の自分の吃音経験から、自分自身で勝手にあきらめてしまっているのだと私は思っています。

働く時に、ことばが流暢に出てこないと仕事ができないでしょうか? 中にはそれが必須な職業もあるかもしれません。たとえばアナウンサーならば、流暢性を求められるのは理解できます。では逆に、すべての仕事においてことばが流暢でないといけないのでしょうか? そうではないですよね。周囲の理解は多少必要かもしれませんが、仕事はできるはずです。

でも、吃音が出て誰かに迷惑をかけたり、怒られたり、笑われたりするのは怖いものです。当事者である私もそれは本当に怖く、なるべく症状が出ないように毎日を過ごしていました。でもある日、気づいたのです。仕事をするうえで「迷惑をかけたり、怒られたり、笑われたりすること」なんて日常茶飯事で、吃音でない人にも、さまざまな場面において当たり前にあることなんです。

そもそも、働くことの本質は「自分らしくいること」「自分の夢や目標に向かって進んでいくこと」だと思います。なのに「吃音をもっている人が働くのは難しい」と思いこんでいませんか。

なぜ吃音をもっている人が、働くのを難しいと感じるのか。ことばが流暢ではないからでしょうか。取引先や上司、ほかのスタッフとコミュニケーションがとりにくいからでしょうか。確かにそうかもしれません。事実、それで苦労する場面も多少はあると思います。ただ実際には、吃音をもっている人の多くが立派に楽しく働いている現実も知ってほしいのです。

だから、「働く」って楽しいことなんです。あとは、働くための「コツ」を身につけること。それは、同じ吃音の人の経験から学ぶことができます。

◆働くためのコツや工夫を見つける

どんな分野にも「コツ」や「工夫」はあります。私は「働くためのコツ」として資格の取得をお勧めします。なぜ資格取得なのか？　資格は、仕事をしやすくするためのツールだと思っているからです。仕事をするうえでの「自由度が増す」とも言えるかもしれません。

特定の資格を持っている人は、資格を持っていない人より「専門性が高い」と評価されます。実際はそうでないことも多いのですが、社会的にはそういうことになっています。法律やルールで「資格者が〇人以上必要」という事業所や職場もたくさんあります。資格によっては、自分で事業をおこすことも可能になります。そうなると働き方の「自由度が高く」なります。流暢に話せる・話せないにかかわらず、自由度が広がり、選択の幅が広がるのです。

資格のほかにも、働くうえでの工夫はさまざまにあります。私は歯科医師ですが、患者さんに治療内容の説明をするのが苦手でした。でも、ある工夫をしたら逆に説明が楽しくなりました。スケッチブックに絵を描きながら説明するようにしたのです。絵を描きながら話をすると、言いにくいことばをうまく飛ばすことができます。そのようにして自分なりに工夫をしてみたところ、あるとき患者さんから「先生はわざわざ絵まで描いて説明してくださる。こんな親切な歯医者さんは初めてだ」と言われたのです。自分がうまく話せないから絵で説明していただけなのですが、見方を変えれば、それは患者さんへの丁寧なサービスと受け取られていたわけです。

吃音への工夫によって、新たな価値を生み出せるという例ではないでしょうか。

◆職場の理解と環境調整

働くことにおいて、一般的にも職場の環境はとても重要です。吃音者にとってはより重要なものです。吃音症状について、職場の上司やまわりのスタッフが理解してくれれば、とても働きやすい職場になるでしょう。逆に、理解してくれない人ばかりならば働きにくいでしょう。では、どうすればいいか。難しいかもしれませんが、自分で環境を調整していくのがよいと思っています。

環境調整といっても、はじめから大きなことをしなければいけないということではありません。ひとつのきっかけとして、吃音について理解してくれそうな人に「カミングアウト」をしてみてはいかがでしょうか。カミングアウトにもコツがあって、「前向きに、具体的に伝える」ことが大切です。たとえば、「私には吃音があります」だけでは理解されにくいので、次のように言ってみてはどうでしょう。

「私には小さい頃からことばが流暢に出てこない症状があります。これを吃音というのですが、このために電話の受け答えに困っています。できれば、代わりに出てもらう（かけてもらう）ことをお願いしたいです。それ以外の業務は自分で何とかできますので、ほかのスタッフと変わりなく扱ってほしいです」

このように具体的に、前向きに伝えることにより、ほかのスタッフも協力しやすくなります。自分のことだけでなく、まわりのスタッフがどうしたら協力しやすいかを考えていくことも必要かと思います。

「まわりに迷惑をかけてしまう」と思う必要はありません。人は誰しも、まわりに迷惑をかけながら生きているのですから。誰にも迷惑をかけていない人などいないと思います。ただ、自分ができることでは、積極的にまわりを助けていくといいでしょう。そうやって、持ちつ持たれつというのが当たり前の働き方であり、それが家族や組織や社会だと思うのです。

◆障害者手帳について

「吃音」で障害者手帳を取得できるのですか？　という質問を受けることがよくあります。答えは「ＹＥＳ」です。もちろん、医師の診断や行政の手続きが必要になります。一部では「身体障害者手帳」を取得できる場合もありますが、ほとんどの場合は「精神障害者保健福祉手帳」を取得しています。発達障害やうつ病の方が取得できる手帳と同じカテゴリーです。

障害者手帳というと抵抗のある方もいるかと思います。ただ、これは社会のセーフティネットであり、市民としての権利ですので、困っている人が遠慮なく取得できる社会にするべきと思っています。

就労において、障害者手帳の最大のメリットは「障害者雇用制度」を利用できることです。障害者雇用促進法によって、従業員四〇人以上の企業には雇用する労働者の二・五％（二〇二四年四月から）に相当する障害者を雇用することが「法定雇用率」として義務付けられています（障害者雇用率制度）。二〇二六年七月には、この比率を従業員三七・五人以上の企業で二・七％に引き上げることが決められています。大手企業で、雇用する労働者の数が多い場合はその分、障害者枠も広がります。

就職活動をしても、面接で何度も落とされてしまう吃音者を見てきました。まわりの同世代がどんどん内定を獲得していくなかで一社も内定をとれない。それが続くと、中には二次的にうつ病や不眠症を併発してしまう人がいます。働けない状態になってしまう人もいます。就職活動は、その活動を通して自己を見つめ直し自己を磨く場なのに、そんなことになるのは本末転倒だと思うのです。

私の持論ですが、就職活動で培った経験を通して、社会に出てからさらに自己を磨いていくことが大切だと思っています。だから、まずは就職することが重要です。障害者雇用制度を利用するメリットはあると思います。まずは就職して、そこで自己研鑽を重ね、スキルを磨いて今度は一般の雇用枠で転職するという方法もあるでしょう。そうして、自分のやりたいこと、夢や目標に一歩ずつ進んでいくことこそが大切ではないかと思います。

◆吃音があるからこそ磨かれる経験や知性・感性・出会い

私は吃音があることにより、いろいろなことを学び、経験することができました。小さい頃から吃音があり、恥ずかしがり屋だったことで、「人の話をしっかり聞くこと」を自然と身につけられたと思っています。「思いやり」や「優しさ」「勇気」、あるいは「悔しさ」「絶望」「歯がゆさ」など、いろいろな感性を学ぶこともできました。今では、これらがとても役に立っています。たとえば、「人の話をしっかり聴く」ことによって「相手が何を考えているのかを想像する」ことができます。まわりと協調して仕事をしていく能力にもつながっていると思います。

また、吃音には「予期不安」があります。たとえば音読などで「言いにくいことばが次に出てこないか」などと、常に先を想像して不安になることです。しかし、この想像をくりかえしてきたことにより、私は「先を予見する能力」が身についたと思っています。常に先を想像しながら仕事をしていくことにつながりました。これは仕事のうえで、とても大切なことだと思います。

さらに「言い換え」の工夫なども、語彙を増やすことにつながりました。常に言いやすいことばを探しながら話していたので、ほかのことでも急な変化に対応できるようになりました。

いちばん幸せなことは、言友会（九一ページ参照）などを通して全国の吃音者の仲間と出会うことができたことです。これは何にも替えがたい、人生を豊かにしてくれる大切な宝物だと思っています。

このように、考え方によっては吃音はデメリットばかりではありません。確かに吃音は「不便」ではありますが、「不幸」ではありません。それによって磨かれる経験や知性・感性・出会いは、人生のうえでメリットにもなると思います。これは、仕事をするうえでももっとも大切なことではないかと思っています。

●執筆者（第5章）

板倉寿明（いたくら・としあき）　三歳で発吃。岐阜県内特別支援学校教諭、岐阜本巣特別支援学校校長を経て、現在、岐阜大学・愛知淑徳大学非常勤講師。医療法人和光会山田病院リハビリテーション部講師として学齢期の吃音児の支援にあたり、吃音が不幸ではないと思える生き方を提案している。

竹内俊充（たけうち・としみつ）　幼少期から吃音に悩む。医療法人優寿会理事長、特定非営利活動法人どーもわーく前理事長、全国言友会連合会・社会的支援推進委員会（就労問題・企業への理解促進チームリーダー）。医療法人優寿会にて、自分のライフワークである吃音外来・相談室の準備を進めている。

●引用・参考文献

Bloodstein, O., Ratner, NB. & Brundage, S. (2021) *A Handbook on Stuttering*, 7th ed., Plural Publishing Inc., San Diego.

Conture, E. (1990) *Stuttering*, 2nd ed., Prentice Hall Inc., Englewood Cliffs.

Guitar, B. (1998) *Stuttering: An Integrated Approach to Its Nature and Treatment*, 2nd ed., Lippincott Williams & Wilkins.（邦訳：バリー・ギター『吃音の基礎と臨床――統合的アプローチ』長澤泰子監訳、学苑社、２００７年）

Van Riper, C.(1982) *The Nature of Stuttering,* Prentice Hall Inc., Englewood Cliffs.
飯村大智（２０１９）『吃音と就職――先輩から学ぶ上手に働くコツ』学苑社、東京
伊藤伸二・国重浩一（２０１８）『どもる子どもとの対話――ナラティブ・アプローチがひきだす物語る力』金子書房、東京
伊藤伸二、吃音を生きる子どもに同行する教師の会（２０１０）『吃音ワークブック――どもる子どもの生きぬく力が育つ』解放出版社、大阪
菊池良和（２０１９）『吃音の合理的配慮』学苑社、東京
クランボルツ、J. D. &レヴィン、A. S.（２００５）『その幸運は偶然ではないんです！』花田光世・大木紀子・宮地夕紀子訳、ダイヤモンド社、東京
堀彰人（２０２２）「『話す』『聞く』の躓き」（植草一世編『保育の教材研究――子どもの言葉』学文社、東京、所収）

●関連団体

全国公立学校難聴・言語障害教育研究協議会　http://www.zennangen.com/
全国言友会連絡協議会　https://www.zengenren.org/
日本吃音臨床研究会　https://kituonkenkyu.org/
特定非営利活動法人どーもわーく　http://www.domo-work.com/
きつおん親子カフェ　https://kitsuonoyakokafe.wordpress.com/

著者略歴

廣嶌（村瀬）忍

（ひろしま・しのぶ）シラキュース大学大学院修士課程言語病理学科修了。筑波大学大学院博士課程、岐阜大学教育学部助手・准教授を経て現在、岐阜大学教育学部教授。岐阜大学医学系研究科にて吃音者の脳機能を研究し博士（医学）を取得。言語聴覚士、臨床発達心理士、公認心理師。編著書に『子どもがどもっていると感じたら（第１版）』（大月書店）、共著に『特別支援教育ベーシック』（坂本裕編著、明治図書）、『特別の支援を必要とする子どもへの教育』（平澤紀子編著、ジダイ社）ほか。

堀彰人

（ほり・あきひと）早稲田大学教育学部、聖徳大学大学院児童学研究科通信課程修了。千葉県公立小学校教諭、千葉県特殊教育センター言語障害児教育研究部研究指導主事、千葉県総合教育センター特別支援教育部指導主事、八千代市教育委員会指導課指導主事などを経て現在、植草学園短期大学教授。公認心理師、臨床発達心理士。編著書に『子どもがどもっていると感じたら（第１版）』（大月書店）、共著に『学びにくい子へのちょこっとサポート　授業で行う合理的配慮のミニアイデア』（佐藤愼二編著、明治図書）、『特別なニーズ教育の基礎と方法』（ジアース教育新社）ほか。

DTP　編集工房一生社
カバーイラスト　本田亮
カバーデザイン　菅原来瞳

子育てと健康シリーズ
子どもがどもっていると感じたら（第２版）
──吃音の正しい理解と家族支援のために

2024年7月19日　改訂第1刷発行

定価はカバーに表示してあります

◉著者──廣嶌忍、堀彰人
◉発行者──中川　進
◉発行所──株式会社　大月書店
〒113-0033　東京都文京区本郷2-27-16
電話（代表）03-3813-4651
振替00130-7-16387・FAX 03-3813-4656
http://www.otsukishoten.co.jp/
◉印刷──太平印刷社
◉製本──中永製本

ISBN 978-4-272-40332-5　C0337